70 Diktate wie in der Schule

4. Klasse Deutsch Bayern

W0329619

Autoren:
Beate Döring (51 – 54, 56 – 57, 63 – 67)
Ursula Lassert (1 – 12, 14 – 19, 22, 58, 60 – 62, 68 – 70)
Jutta von der Lühe (20, 23 – 31)
Elfriede Schulz (13, 21, 55, 59)
Ingrid Steber (32 – 50)

Bibliografische Information der Deutschen Nationalbibliothek
Die Deutsche Nationalbibliothek verzeichnet diese Publikation in der Deutschen Nationalbibliografie; detaillierte bibliografische Daten sind im Internet über http://dnb.d-nb.de abrufbar.

Auflage 5 4 3 2 1 | 2015 2014 2013 2012 2011

Die letzten Zahlen bezeichnen jeweils die Auflage und das Jahr des Druckes.

Die Diktate wurden aus folgenden Bänden entnommen: „100 Diktate 4. Schuljahr“ und „100 Themendiktate zum Schmunzeln und Gruseln 3./4. Schuljahr“.

Dieses Werk folgt der neuesten Rechtschreibung und Zeichensetzung.

www.klett.de/lernhilfen
Umschlagfoto: Thomas Weccard, Ludwigsburg
Umschlaggestaltung: Sabine Kaufmann, Stuttgart
Umschlagillustration und Leitfigur: Thomas Thiemeyer, Stuttgart
Illustrationen: Sven Palmowski, Barcelona
Satz: TEBITRON GmbH, Gerlingen
Druck: Medienhaus Plump, Rheinbreitbach
Printed in Germany
ISBN 978-3-12-929667-7

9 783129 296677

Inhaltsverzeichnis

Groß- und Kleinschreibung

Getrennt- und Zusammenschreibung

Dehnung

Schärfung

Laute und Buchstaben

Wortbildung

s-Laute

Wie Sie mit diesem Buch üben können

Liebe Eltern,

- Sie können z. B. einen Diktattext pro Woche vorbereiten und schreiben lassen oder die Diktate zur Vorbereitung auf Schulaufgaben nutzen. Im Inhaltsverzeichnis finden Sie zu jedem Diktat Angaben über den Rechtschreibschwerpunkt des Textes.
- Die Lernwörter eines Diktates sind immer **grün** gedruckt. Sie können Texte und Wörter gezielt aussuchen und so gegen Fehlerschwerpunkte Ihres Kindes angehen.
- Wörter mit Sternchen* sind für die meisten Kinder zu schwierig. Sie können sie deshalb beim Diktieren buchstabieren.
- Die Merkkästen nennen die passenden Rechtschreibregeln.
- Wenn Sie mit Ihrem Kind einzelne schwierige Wörter intensiv üben möchten, finden Sie ab Seite 78 eine Liste mit Wörtern, die häufig falsch geschrieben werden.

Beim gemeinsamen Üben wünschen wir Ihnen viel Erfolg!

die kleinen Lerndrachen

Alle wichtigen Begriffe auf einen Blick

Nomen, Substantiv	Namenwort, Hauptwort
Verb	Zeitwort, Tunwort, Tuwort, Tätigkeitswort
Adjektiv	Eigenschaftswort, Wiewort
Singular	Einzahl
Plural	Mehrzahl
Infinitiv	Grundform
Artikel	Begleiter, Geschlechtswort
Pronomen	Fürwort, Stellvertreter
Relativpronomen	bezügliches Fürwort
Präposition	Verhältniswort
Konjunktion	Bindewort
Adverb	Umstandswort
Vokal	Selbstlaut
Konsonant	Mitlaut
Diphthong	Doppellaut

Schülertipps: So schreibst du gute Diktate!

Hier geben dir die kleinen Lerndrachen wertvolle Tipps zum Diktateschreiben. Du kannst dir die Tipps z.B. abschreiben und an deine Pinnwand hängen.

Vor dem Diktat

- Alles überprüft?
- Genug Platz im Diktatheft?
- Noch genügend Tinte im Füller?
- Bleistift, Radiergummi dabei?
- Bleib ganz ruhig, du hast viel gelernt und weißt schon eine ganze Menge.

Während des Diktates

- Konzentriere dich ganz auf die Arbeit.
- Vermeide Fehler, höre in jeder Phase des Diktates genau zu.
- Höre erst zu, und schreibe dann.
- Wende beim Schreiben die 10 Tipps (S. 7) an, aber: nicht zu lang überlegen, nicht trödeln, sondern dranbleiben!
- Lass eine Lücke, wenn du ein Wort nicht richtig mitbekommen hast oder gerade nicht genau weißt, wie es geschrieben wird.
- Markiere Stellen, bei denen du unsicher bist, mit Bleistift.
- Sobald der Text noch einmal vorgelesen wird: Hör wieder genau zu, vergleiche dabei mit deinem Text, und fülle Lücken, die du beim erstem Durchgang gelassen hast.
- Kläre die markierten Stellen, und radiere deine Zeichen aus.

Die 10 besten Tipps für das Diktat

Überlege dir beim Schreiben:

1. Wird das Wort groß- oder kleingeschrieben?
2. Wird das Wort getrennt oder zusammengeschrieben?
3. Welche Vokale sind lang?
4. Welche Vokale sind kurz?
5. Hast du die Wortendung richtig geschrieben?
6. Kennst du verwandte Wörter?
7. Kennst du den Infinitiv des Wortes?
8. Hast du alle Wörter am Zeilenende richtig getrennt?
9. Kennst du eine Regel, die dir helfen kann?
10. Hast du deinen Text genau geprüft?

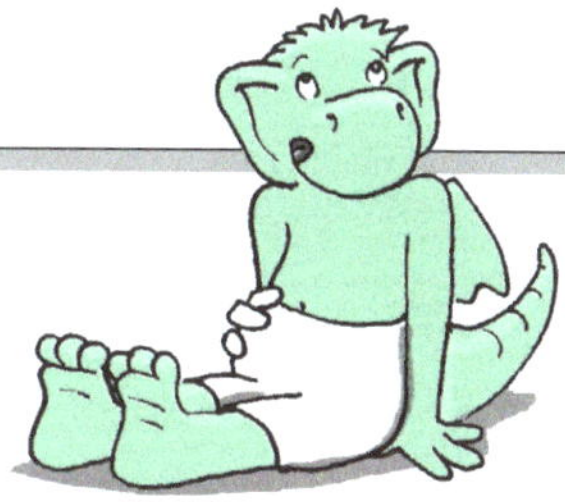

Nach dem Diktat

- Wende die 10 Tipps bei der Überprüfung des Diktates an.
- Wenn es zeitlich möglich ist: Lies deinen Text Wort für Wort von hinten. Überprüfe dabei: Sind alle Sätze und Wörter vollständig? Kein Wort, keine Buchstaben vergessen?
- Nach der Rückgabe des Diktats: Analysiere deine Fehler.
- Nach dem Diktat ist vor dem (nächsten) Diktat: Übe besonders deine Fehlerwörter.

1 Lärmprobleme vor 2000 Jahren

Schon vor 2000 Jahren gab es so große Verkehrs- und Lärmprobleme, dass die Leute nachts kaum schlafen konnten. So wurden die Einwohner von Rom nachts durch **lautes Rumpeln** von Ochsenkarren gestört.

Schreckliches Poltern von schweren Steinen erschreckte sie ebenso wie **wütendes Schreien** der Ochsentreiber. Warentransporte durften damals nur nachts stattfinden, weil die Gassen am Tag mit Menschen überfüllt waren.

Die Stadt hatte schon damals ungefähr eine Million Einwohner, die zum Teil in vier- bis fünfstöckigen Wohnhäusern lebten. Hier gab es weder Wasserleitungen noch Heizungen. Diese Häuser waren zum Teil so schlecht gebaut, dass **häufiges Einstürzen** niemanden verwunderte.

Wörteranzahl: 97

substantivierte Verben

Verben werden in der Regel kleingeschrieben. Du schreibst sie jedoch groß, wenn

- ein Adjektiv davorgesetzt wird: **lautes Rumpeln, schreckliches Poltern**;
- ein Pronomen davorsteht: **ihr Trocknen, unser Kochen**;
- ein bestimmter (der, die, das) oder unbestimmter Artikel (ein, eine, ein) davorsteht: **das Pressen, das Kochen**.

2 Wer hat den Buchdruck erfunden?

Im Mittelalter waren Bücher sehr kostbar, denn sie konnten nur in jahrelanger mühevoller Arbeit **durch Abschreiben** vervielfältigt werden. **Beim Arbeiten** in seiner Werkstatt suchte ein Bürger in Mainz im 15. Jahrhundert nach Möglichkeiten, Bücher schneller herzustellen.

Durch Anfertigen von Buchstaben und Zahlen aus Holz, später aus Metall, gelang es ihm schließlich, einzelne Buchseiten zu drucken. **Mit dem Umbauen** einer Weinpresse zu einer Druckerpresse war ein weiterer großer Schritt getan.

Nun brauchte man nur noch wenige Stunden **zum Anfertigen** mehrerer Buchseiten. 1448 veröffentlichte er den ersten gedruckten Kalender und 1455 die erste gedruckte Bibel der Welt. Sein Name ist Johannes von Gutenberg.

Wörteranzahl: 101

substantivierte Verben

Verben werden großgeschrieben, wenn eine Präposition (zum, beim ...) davorsteht: **beim Arbeiten, durch Abschreiben**. Durch das Davorsetzen einer Präposition wird das Verb zum Nomen.

3 Auf dem Markt

Alle **Städte**, ob **englische**, **französische**, **italienische** oder andere, haben mindestens einmal in der Woche einen Markt. Dort kann man viele praktische und hübsche Dinge kaufen. Am wichtigsten aber sind die Nahrungsmittel wie frisches Obst und Gemüse.

Wenn es bei uns auch nicht so bunt aussieht und so gut duftet wie auf den **orientalischen Märkten**, so haben wir doch ein großes Angebot aus den verschiedensten Ländern: **spanische Tomaten**, **griechische Trauben**, **holländischen Käse**, **französische Weine**, **italienische Öle**, **türkischen Honig**, **belgische Pralinen** und vieles andere mehr.

Wörteranzahl: 83

Ableitungen auf -isch

Die von Eigennamen abgeleiteten Adjektive auf *-isch* werden kleingeschrieben:
spanische Tomaten,
der französische Wein.

4 Treffpunkte für Händler und Kunden

Schon seit vielen Jahrhunderten gibt es immer wieder große Ausstellungen, auf denen Händler ihre Waren bekanntmachen* und etwas anpreisen.

So kann man jede Menge Bücher auf der **Frankfurter** und **Leipziger Buchmesse** sehen und die modernste Kleidung auf der **Düsseldorfer** oder **Leipziger Modemesse**. Schwere Maschinen für Fabriken gibt es auf der Messe in Hannover zu sehen, und Boote in allen Größen findest du auf der **Düsseldorfer Bootsausstellung**.

Alle möglichen Arten von Lebensmitteln wie **Schweizer Käse**, **Kieler Sprotten**, **Wiener Schnitzel**, **Tiroler Speck**, **Schwarzwälder Rauchschinken** und vieles andere kannst du auf einer Lebensmittelmesse in Berlin sehen.

Wörteranzahl: 93

* *bekannt machen* ist auch richtig

Ableitungen auf -er

Ableitungen von geografischen Eigennamen auf *-er* schreibt man groß:
die Frankfurter Buchmesse,
der Tiroler Speck.

5 So ein Schreck!

Obwohl es gestern sehr kalt war, machten wir eine Autofahrt. Wir fuhren einfach **ins Blaue**. Es war herrlich. Wir kamen an Feldern und Wäldern vorbei. Während wir gemütlich **im Warmen** saßen, hatten die Leute draußen Mützen und dicke Jacken an. Besonders kalt war es den armen Fahrradfahrern, denn der Wind war sehr eisig.

In einer alten finsteren Gaststätte aßen wir unser Mittagessen. Da hörte ich **aus dem Dunkeln** ein Geräusch, aber leider konnte ich nichts erkennen. Doch plötzlich sprang eine große schwarze Katze an mir vorbei **ins Helle**. Du glaubst nicht, wie ich mich erschreckt habe.

Wörteranzahl: 96

substantivierte Adjektive

Adjektive werden in der Regel kleingeschrieben.
Du schreibst sie jedoch groß, wenn

- eine Präposition davorgesetzt ist: **ins Blaue, aus dem Dunkeln**;
- ein Pronomen davorsteht: **eure Kleinen, seine Große**.

Diese Wörter machen das Adjektiv zu einem Nomen.

6 Lea Sonnenschein

Wenn Lea Sonnenschein morgens aufsteht, freut sie sich auf **das Beste** des Tages, auf das Frühstück. Wenn sie aus dem Fenster schaut, erfreut **das Blau** des Himmels und das Leuchten der Sonne sie ebenso wie **das Dunkle** und **Unheimliche** von schweren Regen- und schwarzen Gewitterwolken. In der Zeitung liest sie **das Neueste** aus aller Welt. Dann beginnt sie mit der Arbeit.

Sie überlegt sich, was **das Nächste** ist, das getan werden muss.

Den ganzen Tag über achtet sie auf **das Schöne** und **Lustige**, das er ihr bietet. **Böses** und **Trauriges** versucht sie zu vermeiden. **Das Letzte**, was sie am Tag genießt, ist ein schöner Film oder ein spannendes Buch. Lea Sonnenschein ist ein fröhliches Mädchen.

Wörteranzahl: 115

substantivierte Adjektive

Adjektive werden großgeschrieben, wenn man einen bestimmten (der, die, das) oder unbestimmten (ein, eine, ein) Artikel davorsetzt:
das Beste, das Blau. Dies macht sie zu Nomen.

Sie werden auch großgeschrieben, wenn das dazugehörige Nomen im Satz fehlt:
Böses, Trauriges.

7 Woher kommen die Jeans?

1848 wurde auch der Deutsche Levi Strauß vom Goldrausch nach Amerika gelockt.

Er nahm mehrere Ballen von kräftigem blauem Segeltuch mit und hoffte, es dort für Zelte oder Wagenplanen verkaufen zu können. Aber **im Großen und Ganzen** bestand kein Bedarf dafür. Denn was hier gebraucht wurde, waren **im Wesentlichen** derbe Hosen.

Levi Strauß überlegte nicht lange. Er tat **das einzig Richtige** und nähte Hosen aus diesem festen Stoff. Diese Hosen wurden ein Welterfolg. Heute werden jedes Jahr mehr als 500 Millionen Jeans verkauft.

Sie werden von **Alt und Jung**, **Arm und Reich**, **Groß und Klein** begeistert getragen – sowohl beim Arbeiten als auch bei feierlichen Anlässen.

Wörteranzahl: 105

Wortgruppen und Paarformeln

Adjektive werden großgeschrieben
- in festen Wortgruppen:
  im Großen und Ganzen, das einzig Richtige
- und in Paarformeln, wenn sich diese auf Personen beziehen: **Alt und Jung, Arm und Reich**.

8 Unsere Haustiere

In Laufe von Jahrtausenden hat der Mensch viele Tiere gezähmt. Das erste Tier war der Hund. Er stammt vom Wolf ab. Der Wolf selbst ist bis heute ein wildes Tier geblieben, vor welchem dem Menschen **bange ist**.

Ebenso treue Gefährten wie der Hund sind das Pferd und die Katze. Die Katze ist besonders beliebt als Wohngefährte, obwohl sie ein kleines Raubtier geblieben ist, das seine Freiheit liebt.

Haustiere wie Rind, Schwein und Huhn versorgen uns mit Nahrungsmitteln. Leider **sind** wir Menschen **schuld** daran, dass viele dieser Tiere unseretwegen leiden. Mir **wird angst** und **bange**, wenn ich mir vorstelle, in welch engen Käfigen und Ställen sich viele dieser Tiere quälen müssen.

Wörteranzahl: 110

angst, bange, gram, leid, pleite, schuld, spitze

Folgende Wörter werden in Verbindung mit *sein, bleiben, werden* als Adjektive gebraucht: z. B. *angst, bange, gram, leid, recht, schuld, spitze*. Man schreibt sie deshalb klein: dem Menschen **ist bange**, wir **sind schuld**, ich **bin** es **leid**.

9 Liebe Ria!

Nun bin ich schon seit einer Woche wieder zu Hause.

Es war sehr schön bei **euch/Euch**. Ich danke **dir/Dir**, dass **du/Du dir/Dir** so viel Zeit für mich genommen hast. Jetzt kenne ich alle **deine/Deine** Freunde und Freundinnen.

Vielleicht spielt **ihr/Ihr** gerade wieder zusammen. **Eure** Stadt gefällt mir sehr. Ich würde nächstes Jahr gerne wieder **euer/Euer** Gast sein. Aber vorher musst **du/Du** uns besuchen, denn bei uns ist es auch schön. Es wird **dir/Dir** hier bestimmt gefallen. Hast **du/Du** schon **deine/Deine** Eltern gefragt, wann **du/Du** kommen darfst? Vielleicht darfst **du/Du** sogar **deinen/Deinen** Hamster mitbringen. Das wäre toll.

Ich freue mich auf **deinen/Deinen** Brief.

Viele liebe Grüße

deine/Deine Sara

Wörteranzahl: 107

Anredepronomen an vertraute Personen
Die Pronomen *du*, *ihr*, *dein*, *euer* und die verschiedenen Formen wie *deine*, *eure* ... können in Briefen an vertraute Personen klein- oder großgeschrieben werden: Es war schön bei **euch/Euch**. Ich danke **dir/Dir**.

10 Lieber Herr Schäfer!

Schade, dass **Sie** nicht mehr unser Klassenlehrer sind. Aber Frau Fliedner ist auch sehr nett. Ihre Schwester unterrichtet an **Ihrer** Schule. Ist das nicht lustig?

Wie geht es **Ihnen** als Rektor? **Sie** sind bestimmt traurig, dass wir nicht mehr **Ihre** Klasse sind, nicht wahr?
Wir würden uns riesig freuen, wenn **Sie** uns einmal schreiben würden. In unserer Klasse hängt ein Foto von **Ihnen**. Wir haben es auf dem letzten Ausflug im Zoo gemacht. Peter wird **Ihnen** nächste Woche die Fotos schicken.

Wir wünschen **Ihnen** alles Gute und grüßen **Sie** herzlich.

Ihre ehemalige 4a

Wörteranzahl: 93

die höfliche Anrede

Die höfliche Anrede *Sie* und die entsprechenden Pronomen *Ihr*, *Ihre* ... werden in Briefen immer großgeschrieben:
Wie geht es **Ihnen**? Wir grüßen **Sie** herzlich.

11 Betrieb in einer Großstadt

Eine Großstadt erwacht **morgens** recht früh.

Schon ab fünf Uhr fahren die ersten Bahnen, um die Leute zur Arbeit zu bringen. Zeitungsboten verteilen die Zeitungen. Um sieben Uhr sind die Straßen voll mit Autos und die Bahnen gefüllt mit Menschen. Man hört Hupen, Knattern, Lachen und Schimpfen.

Viele Leute benutzen **mittags** ihre Pause für einen kurzen Spaziergang oder Einkauf. Die Bahnen und Busse sind voll mit Schülern, die nach Hause fahren. In den Parks und Kaufhäusern, auf Einkaufsstraßen und Spielplätzen herrscht **nachmittags** Hochbetrieb.

Erst **abends** wird es wieder stiller, bis es schließlich **nachts** für wenige Stunden fast ganz still ist.

Wörteranzahl: 100

Adverbien wie abends

Adverbien auf *-s* werden immer kleingeschrieben: **morgens, nachts, sonntags**.

12 So macht es Klaus

Zuerst lernte er **gestern Morgen** in der Schule. Das macht ihm großen Spaß. Später will er Pilot werden. Da muss er allerlei wissen. Aber **gestern Nachmittag** spielte er mit seinen Freunden und Freundinnen draußen. Er kletterte auf Bäume und versteckte sich in Büschen.

Heute Nachmittag geht er zur Musikschule. Dort wird für eine Aufführung geprobt, die **morgen Abend** stattfindet. Dazu sind Eltern, Freunde und Bekannte eingeladen worden. Klaus freut sich darauf. **Übermorgen Abend** darf er mit seinem Freund einen spannenden Film im Fernsehen ansehen. Darauf freut er sich schon seit **heute Morgen**. Aber jeden Tag will er nicht fernsehen, denn es gibt so viel Schönes zu unternehmen.

Wörteranzahl: 107

Tageszeiten

Tageszeiten, die nach *gestern*, *vorgestern*, *heute*, *morgen* und *übermorgen* stehen, werden großgeschrieben: **gestern Morgen, heute Nachmittag**.

13 Wissenswertes über Schlangen

Schlangen gibt es seit **vielen** Millionen Jahren. **Alle** verschlingen das getötete Opfer immer im Ganzen, auch wenn es ziemlich groß ist. Sie erlegen ihr Beutetier jedoch auf unterschiedliche Weise. **Einige** Schlangen beißen mit **zwei** langen Giftzähnen zu. Würgeschlangen dagegen umschlingen ihr Beutetier so lange, bis es erstickt. Die Reptilien brauchen **viel** Wärme.

Die einzige Schlange, die ein Nest baut, ist die größte der Giftschlangen, die Königskobra. Sie legt ihre Eier in Laub ab und verteidigt sie bis aufs Äußerste. Du solltest ihr dort lieber nicht begegnen!

Aber **viele** Menschen wissen nicht, dass von beinahe 3000 Schlangenarten die **meisten** Schlangen völlig harmlos sind.

Wörteranzahl: 102

Zahlwörter

- Unbestimmte Zahlwörter und Zahlen werden klein-geschrieben:
  viele, zwei, meisten, alle.
- Wenn sie am Anfang eines Satzes stehen, schreibst du sie natürlich groß!

14 Was Kai und Nina gerne tun

Kaum ist die Schule vorbei, sind Kai und Nina schon wieder unterwegs. Sie gehen mit anderen Kindern **Rollschuh laufen**. Das macht ihnen viel Spaß. Wenn im Winter der große Teich im Park zugefroren ist, sieht man sie alle **eislaufen**. Sie bleiben dort, bis es dunkel wird.

Jeden Morgen sieht man Kai außerdem zehn Minuten **Tee trinken**. Das wäre sehr gesund, meint er. Er muss es wissen, denn er will Sportler werden. In den Osterferien gehen die beiden immer mit ihren Eltern in die Schweiz **Ski laufen**. Darauf freuen sie sich das ganze Jahr. Aber sie finden es nicht schön, dass sie an den Liften so oft **Schlange stehen** müssen.

Wörteranzahl: 110

Verbindungen von Nomen und Verben

Enge Verbindungen von Nomen und Verben werden getrennt geschrieben: **Rollschuh laufen, Ski laufen**. Aber: **eislaufen** schreibt man klein und zusammen.

15 Mark und Max

Mark und Max sind Zwillinge. Die Kinder aus ihrer Klasse finden, dass sich die beiden gar nicht ähnlich sehen. Sie haben auch ganz verschiedene Hobbys.

Mark liebt **das Bücherlesen** und **das Briefmarken-sammeln**. Max hat dafür keine Geduld. Er zieht **das Radfahren** und **das Rollschuhlaufen** vor. Das kann ihm alles gar nicht schnell genug gehen. Er klettert, läuft und springt am liebsten. Deshalb hasst Max auch **das Schlangestehen** im Supermarkt, während Mark es genießt und sich dabei alles ansieht oder einen Comic liest. **Das Autofahren** kann Max gar nicht leiden, denn dabei wird er immer seekrank.

Mark kann das nicht verstehen. Ihm wird nie schlecht.

Wörteranzahl: 104

Substantivierung von Nomen-Verb-Verbindungen
Wenn ein Artikel vor einer engen Verbindung aus Nomen und Verb steht, wird diese groß- und zusammengeschrieben, denn der Artikel macht sie zu einem Nomen: **das Rollschuhlaufen, das Radfahren**.

16 Die langweilige Paula

Wenn Paula nicht endlich **schreiben lernt**, wird sie die Klasse wiederholen müssen. Das weiß Paula genau. Aber sie will nicht **schreiben lernen**. Sie will auch nicht **lesen lernen**. Ja, sie will noch nicht einmal neue Spiele **spielen lernen**. Sie will immer nur auf dem Sofa liegen und fernsehen. Sie mag auch nicht **schwimmen gehen**. Das ist ihr zu lästig.

Sie ist schon ganz dick, weil sie sich kaum bewegt. Aber das ist ihr egal. Der Arzt sagt, sie soll turnen oder wenigstens oft **spazieren gehen**. Aber Paula sieht nur fern. Es ist klar, dass die anderen Kinder in der Schule Paula einfach übersehen. Was soll man mit so einem langweiligen Mädchen schon anfangen?

Wörteranzahl: 113

Verbindungen aus zwei Verben

Auch Verben, die vom Sinn her eng zusammengehören, werden trotzdem getrennt geschrieben: **schwimmen gehen, schreiben lernen**.

17 Verschiedene Hobbys

Das Spazierengehen ist gesund, heißt es. Aber manche Kinder finden es ein bisschen langweilig. Sie meinen, dass es **beim Schwimmengehen** mehr zu lachen und zu erleben gibt. Da das sehr gesund ist, sollte man ruhig öfters schwimmen gehen.

Susis Hobby ist **das Schreibenlernen** von verschiedenen Schriften. Sie kann jetzt sogar so schreiben, wie die Leute vor 800 Jahren geschrieben haben. Das ist gar nicht so leicht. Ihr Bruder bevorzugt **das Lesenlernen** römischer Zahlen. Er kann sie schon ganz schnell entziffern und freut sich immer, wenn er irgendwo eine lange römische Zahl entdeckt.

Weißt du auch, was die Zahl MCMXCVIII bedeutet?

Wörteranzahl: 100

Substantivierung von Verb-Verb-Verbindungen

Werden Verbindungen aus zwei Verben jedoch als Nomen gebraucht, werden sie zusammen- und großgeschrieben: **das Schreibenlernen, beim Schwimmengehen**.

18 Fips, der kleine Affe

Plötzlich sah Clown Rico seinen Affen Fips **davonlaufen**. „Halt, bleib hier!“, rief er. Aber Fips war schon zu den Artisten **hinausgesprungen**. Die Zuschauer freuten sich, als sie Fips in der Manege **hin- und herspringen** sahen. Rico musste entsetzt die Hände **zusammenschlagen**, als er sah, wie Fips dem Artisten die Keule **fortnahm**, schnell die Stange **hochkletterte** und von dort oben ganz frech **herunterspuckte**.

Man hörte die Zuschauer laut **loslachen** und klatschen, denn sie hielten das für einen Teil der Nummer. „Am besten ist es, wenn ich ihn von dort **weghole**“, dachte Rico. Doch als er die Stange **hinaufkletterte**, **sprang** Fips **hinunter**.

Schwupp, landete er in den Armen eines Artisten.

Wörteranzahl: 108

trennbare Zusammensetzungen bei Verben

Trennbare Zusammensetzungen von Verben werden in der Grundform (**davonlaufen**), als Mittelwort (**davongelaufen**) und am Ende eines Nebensatzes zusammengeschrieben (Ich sehe, dass er **davonläuft**).

Ansonsten werden sie getrennt geschrieben. Beispiele: **Wann läufst du davon? Anna läuft erst später davon.**

19 Der moderne Fischfang

Große Fischerboote fahren täglich auf die See hinaus und fangen die Fische mit großen Schleppnetzen. Japanische Fischer benutzen sogar Netze, die kilometerlang sind. Man kann sich nicht vorstellen, **wie viele** Fische dort hineinpassen. **Wie viele** Tiere mögen dabei sinnlos sterben, da sie gar nicht als Nahrung verwendet werden können.

Weil ständig Schiffe unterwegs sind und große Mengen Fisch gefangen werden, werden **zu viele** Fische gefangen. Manche Fischarten sind deshalb inzwischen fast ganz ausgestorben, andere Arten sind nur noch ganz selten. Ob es wirklich nötig ist, dass täglich **so viele** Fische gefangen werden?

Wörteranzahl: 92

so, wie, zu und viel

so, *wie*, *zu* und das Wörtchen *viel* werden in Verbindungen getrennt geschrieben:
so viel/so viele,
wie viel/wie viele,
zu viel/zu viele.

das Dehnungs-h

Wenn die Umlaute *ä, ö, ü* in einem Wort lang gesprochen werden, werden sie häufig durch ein Dehnungs-*h* ergänzt: **gefährlich, Stühle, Höhle**.

Das Dehnungs-*h* steht außerdem oft vor den Konsonanten *l, m, n* oder *r*.

20 Früh am Morgen

Lisa muss **allmählich** aufstehen. Aber sie mag sich nicht **rühren**, denn draußen regnet es. Außerdem gibt es heute bestimmt ein Diktat in der Schule. Und im Bett ist es **ungefähr** genauso schön warm und gemütlich wie in einer **Höhle**. „Ich **zähle** bis zehn, und dann reiße ich dir die Bettdecke weg!“, ruft die Mutter. Lisa **stöhnt**. Ist es nicht **gefährlich**, ein Kind so grausam zu wecken?

Sie hört, wie die Mutter **Stühle** rückt und ein Lied singt. Wie kann man an einem solchen Morgen nur so **fröhlich** sein?

Lisa **gähnt** und kriecht aus dem Bett. Aber nun schnell waschen und **frühstücken**. Sonst **fährt** ihr der Bus vor der Nase weg.

Wörteranzahl: 110

21 Warum gähnen Flusspferde?

Flusspferde lieben das Wasser. Die meiste Zeit verbringen sie damit, sich in Sümpfen, Bächen und Flüssen zu **suhlen.** Nur Augen, **Ohren** und Nase schauen aus dem Wasser heraus.

Während sie sich an Land **sehr** schwerfällig bewegen, sind sie im Wasser gute Schwimmer und Taucher. Sogar **ihre** Babys gebären sie im Wasser und säugen sie dort. Flusspferde **ernähren** sich auch von Wasserpflanzen.

Sie **gähnen** nicht etwa vor Langeweile oder Müdigkeit. Im Gegenteil! **Während** der Paarungszeit sind sie **sehr** aggressiv. Sie reißen **ihr** Maul auf und zeigen **ihre** riesigen **Zähne,** um andere Flusspferde zu warnen. Das **Gähnen** ist also eine Drohung, um Gegner einzuschüchtern.

Wörteranzahl: 102

das Dehnungs-h

Häufig folgt einem lang gesprochenen Vokal ein Dehnungs-h.
Es steht aber nur vor den Buchstaben l, m, n und r:
suhlen, zahm, gähnen, Ohren.

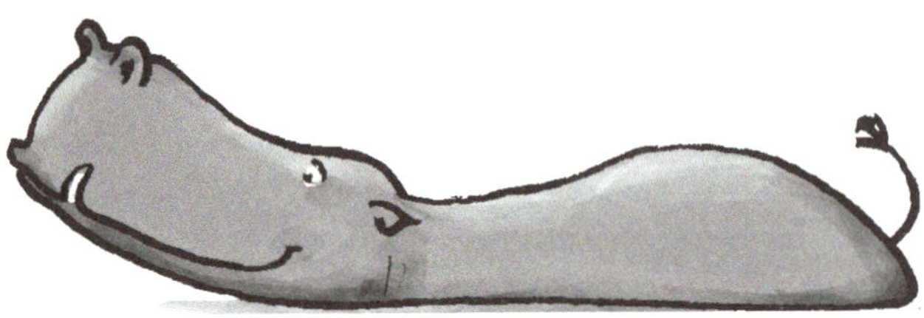

22 Unsichtbare Kraftspender

Mediziner empfehlen, **Vitamine** häufig zu uns zu nehmen. Wir finden sie in Gemüse, aber auch in Obst und Gewürzen. **Apfelsinen, Mandarinen** und **Petersilie** besitzen beispielsweise eine Menge, aber auch Nüsse, Mandeln oder **Rosinen.** Ja, sie sind sogar in Milch und Butter.

Wer nur wenig zu sich nimmt, verliert mehr und mehr an Kraft. Er wird kaum einige **Kilometer** Dauerlauf machen können, ohne bald wie eine **Dampflokomotive** zu schnaufen. Wer sie längere Zeit entbehrt, wird sogar richtig krank. Man findet sie übrigens nicht nur in natürlicher Form in unserer Nahrung, sondern auch in Tabletten oder schmackhaften Bonbons.

Wörteranzahl: 98

langes *i* ohne Kennzeichung

Das lange *i* wird in den meisten Fällen *ie* geschrieben. Aber es gibt Ausnahmen: Wörter mit langem *i* ohne Kennzeichnung. Diese Wörter stammen meistens aus anderen Sprachen: **Mandarinen, Rosinen.**

23 Überraschung am Nachmittag

Als Karin nach Hause kam, war **die** Wohnung still. Im Radio **spielte** leise **Musik**, aber **niemand** war da. Auf dem Tisch lag ein Stück **Papier**. **Neugierig** las Karin, was **ihr** Vati **geschrieben** hatte.

„**Liebe** Karin", **hieß** es da. „Ich glaube, Mutti **kriegt** jede Minute unser Baby. Ich bin mit **ihr** ins Krankenhaus gefahren. Im Eisschrank **gibt** es **vielleicht** etwas zu essen für dich."

Karin **schlief** beinahe schon, als der Vater endlich kam. Er sah **ziemlich** müde aus. „Es war alles etwas **schwierig**. Aber du hast nun einen kleinen Bruder. Es geht **ihm** gut, und Mutti lässt **dir** sagen, dass **sie** bald zu Hause ist." Nun konnte Karin **friedlich** einschlafen.

Wörteranzahl: 109

Wörter mit i, ie oder ih

Das lang gesprochene *i*
- wird oft *ie* geschrieben: **spielen, Papier**;
- wird in wenigen Wörtern als *ih* geschrieben: **ihr, ihm, ihnen**;
- wird selten nicht gekennzeichnet und kommt so vor allem in Fremdwörtern vor: **gibt, dir, Musik, Kino, Apfelsine**.

wieder oder wider

Achtung, nicht verwechseln!

- Das mit *ie* geschriebene *wieder* bedeutet *noch einmal* oder auch *zurück*: **wiederholen, wiederkommen**.
- Das mit einfachem *i* geschriebene *wider* bedeutet *gegen*: **widerwillig, widersprechen**.

24 Ein Widerspruch

„Was ist das für ein **widerlicher** Geruch in deiner Büchertasche?“, fragte die Mutter. Oje! Maria hat schon **wieder** ihr Pausenbrot nicht gegessen, allerdings vor einer Woche. **Widerwillig** zieht die Mutter das matschige Päckchen hervor.

„Wie oft soll ich das noch **wiederholen**? Wenn du mittags **wiederkommst**, musst du dein Brot aus der Tasche holen. Warum bist du nur so **widerspenstig**!“ „Das bin ich doch gar nicht“, **widerspricht** Maria. Sie musste in der Pause Geld für „Brot für die Welt“ einsammeln. Da hatte sie gar keine Zeit, etwas zu essen.

Aber das soll nicht **wieder** vorkommen. Es ist schon **widersinnig**, Geld für hungernde Kinder einzusammeln und das eigene Brot zu vergessen. Oder?

Wörteranzahl: 110

25 Gute Noten

Frau Zimmer gibt der Klasse die Aufsätze zurück. „Ich möchte euch **gratulieren**“, sagt sie, „ihr habt wunderbar geschrieben. Lea, ich wusste gar nicht, dass du dich so für Fußball **interessierst**. Und David ist bestens über den Sternenhimmel **informiert**. Allerdings müssen viele von euch noch **probieren**, sauberer zu schreiben. Mir ist es doch bei Lisa **passiert**, dass ich manche Wörter gar nicht lesen konnte.“

Nur Anna ist etwas traurig. Sie hat nicht so gut abgeschnitten. Aber Frau Zimmer hat schon mit ihrer Mutter **telefoniert**. Nun weiß sie, dass sich Anna zurzeit schlecht **konzentrieren** kann. Aber unter ihrem Aufsatz steht: „Nur nicht den Mut **verlieren**! Du wirst es schon schaffen.“

Wörteranzahl: 109

Verben mit der Endung -ieren
Viele Zeitwörter enden auf *-ieren*: **gratulieren, probieren, passieren**. Du schreibst sie klein.

26 Geburtstag im Garten

Lena hat im **September Geburtstag**. Am Nachmittag feiert sie mit ihren Freundinnen im **Garten**. **Lecker**! Es **gibt frischen Apfelkuchen** und dazu **Fruchtsaft**.

Alle **Gäste** haben **Hunger**. „Wenn nur die **lästigen Wespen nicht** wären“, **schimpft** Tina. „Neulich **musste** ich **extra** zum Arzt, weil ich **gestochen** wurde.“ Aber **manche Wespen** sind **ganz schwach** und **krabbeln** nur **langsam** über den **Tisch**.

„**Jetzt** braucht ihr keine **Angst** mehr vor ihnen zu haben“, sagt Lenas Mutter. „Im **Herbst sterben** die **Wespen**. Nur **manche** Weibchen bleiben am Leben. Erst im nächsten **März** oder **April** legen sie ihre Eier. Seid **dankbar**, dass wir **Menschen** ein **solches** Problem nicht haben. **Sonst könnten** wir alle nur ein einziges Mal Geburtstag feiern.“

Wörteranzahl: 112

Häufung von Konsonanten

Nach kurzen Vokalen folgen fast immer mehrere Konsonanten hintereinander:
Fruchtsaft, extra.

Manchmal kommen die Konsonanten auch doppelt vor:
musste, könnten.

27 Fasching

In diesem Jahr sollte mich beim Fasching wirklich niemand wiedererkennen. Zuerst habe ich mir von Mutti ein kaputtes **Betttuch** genommen und über mich gelegt. Dort, wo die Augen sind, habe ich Löcher hineingeschnitten. Und um den Hals wurde es mit einem **Stofffaden** etwas zusammengebunden, damit es nicht rutscht.

Und dann habe ich lange geübt, dass niemand meine Stimme erkennt: Ich habe gebellt, gebrummt und geflüstert.

Wie eine **Balletttänzerin** schritt ich zur Tür hinaus. Doch dann ist leider etwas Dummes passiert. Das **Flanelllaken** war nämlich zu lang und ich bin voll auf die Treppe gefallen. Mein Jammern hat mich dann verraten. Ob ich es im nächsten Jahr schaffe, unerkannt durch den Fasching zu kommen?

Wörteranzahl: 113

drei gleiche Konsonanten

Manche Wörter haben am Wortende doppelte Konsonanten (Stoff, Bett). Bei Zusammensetzungen treffen dann manchmal drei gleiche Konsonanten aufeinander:
Stofffaden, Betttuch.

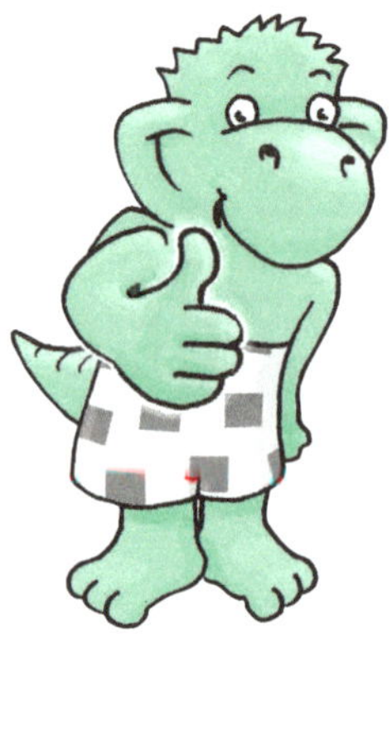

28 Sara wird krank

Gestern hatte Sara gar keinen Hunger. Beim Abendbrot **bekam** sie überhaupt nichts herunter. „**Greif** doch zu“, sagte Oma, „und **nimm** etwas von dem **geschnittenen** Käse. Den **isst** du doch so gerne. Ich **schneide** dir auch eine Scheibe von dem frischen Brot ab.“

Sara **aß** ein paar Bissen: „Mir wird **schrecklich** elend, wenn ich nur an **Essen** denke.“ Oma **griff** ihr an die Stirn und **erschrak**: Sara war ganz heiß. „Ich glaube, du hast auch die Grippe **bekommen**. Ich werde jetzt ein kaltes Tuch **nehmen** und dir einen Wickel machen.“

Eigentlich war Sara ganz froh. Jetzt musste sie morgen nicht in die Schule. Aber sie **nahm** sich vor, bald gesund zu werden.

Wörteranzahl: 111

Wortfamilien mit und ohne Konsonantenverdoppelung

In manchen Wortfamilien kommen sowohl Wörter mit einfachen als auch mit doppelten Konsonanten vor: **schneiden – geschnitten, greifen – griff, bekam – bekommen.**

Achte darauf, ob der davorstehende Vokal kurz oder lang gesprochen wird.

29 Eine kleine Familie

Katzen können mehrmals im Jahr Junge bekommen. Beim **letzten** Mal war Daniel dabei. Eins, zwei, drei kleine, gestreifte Wesen und **zuletzt** ein weißes! Aber was war das? Da lag **plötzlich** noch ein rabenschwarzes **Kätzchen** neben seinen Brüdern und Schwestern!

Zuerst waren die Augen der kleinen **Katzen** geschlossen, man konnte dort nur **Schlitze** erkennen. Die Kleinen waren nie **schmutzig**, weil die Mutter sie immer sauber leckte*. Aber manchmal verließ sie auch das Nest, um spazieren zu gehen. **Trotzdem** schliefen ihre Jungen ruhig weiter.

Daniel konnte stundenlang vor dem Nest **sitzen**. Nur seine Eltern machten sich allmählich Gedanken. Gab es denn wirklich **Platz** für sechs **Katzen** in ihrer kleinen Wohnung?

Wörteranzahl: 108

* *sauberleckte* ist auch richtig

Wörter mit tz

z gibt es nicht als Doppelkonsonant. Daher schreibt man nach kurzen Vokalen *tz*: **Katze, schmutzig**.

tz ist trennbar: **Kat-ze, schmut-zig**.

30 Das Glück im Kuchen

Gestern hatte Utas Schwester Eva Namenstag. Als Geschenk hat Uta ihr einen Kuchen **gebacken**. Ein besonderer Kuchen war das schon, denn er sollte Eva **Glück** bringen. Deswegen hat Uta einen Cent im Kuchen **versteckt**.

Als sie ihn **verpacken** wollte, fiel Uta etwas ein: Wenn nun Eva ein **Stück** Kuchen ohne den Cent bekommen würde? Ob das etwa **Unglück** bringt? Aber dann hatte Uta eine gute Idee.

Beim **Frühstück** bekam jeder ein **dickes Kuchenstück**. Und nicht nur Eva, sondern Vater, Mutter und Uta fanden dort einen **Glückscent**. Den hatte Uta für jeden extra **hineingedrückt**. Kein Wunder, dass dies ein besonders schöner Namenstag wurde.

Wörteranzahl: 102

Wörter mit ck
Es gibt auch keine deutschen Wörter mit *kk*. Nach kurzem Vokal steht *ck*: **Glück, backen**. *ck* kann nicht getrennt werden: **ba-cken, Stü-cke**.

31 Auf der Fabrikmauer

Eine späte **Oktobersonne** schickte ihre Sonnenstrahlen auf Sven, Florian und Lena.

Die Kinder saßen gemütlich auf der Mauer einer **Schokoladenfabrik**. Florians Vater war der **Direktor** der **Fabrik**. Deshalb durften sie sich gelegentlich dort aufhalten, und ab und zu gab es auch ein Stück **Schokolade**. Florian freute sich, wenn er an die **Mathematikarbeit** vom Vormittag dachte.

„Zuerst hatte ich gar nichts verstanden", erzählte er. „Ich dachte schon, dass ich so viele Fehler machen würde wie gestern im **Diktat**. Aber dann hast du mir ja ein paar Tipps gegeben, Lena. Danke schön. Deshalb klappte es schließlich doch, und ich wurde sogar als Erster fertig." „Herzlichen Glückwunsch", lachte Sven.

Wörteranzahl: 107

Wörter mit einfachem k
Einige Wörter werden mit einfachem *k* geschrieben, obwohl der Vokal davor kurz gesprochen wird. Diese Wörter kommen aus anderen Sprachen, z. B. **Oktober, Direktor, Fabrik**.

32 Die Nachtwanderung

Punkt 23 Uhr! In allen **Räumen** des Schullandheimes wird es lebendig. Die Kinder versammeln sich mit ihren Taschenlampen vor dem **Gebäude** zu einer Nachtwanderung.

„Nun darf kein **Geräusch** mehr zu hören sein“, ermahnt Frau Riedel. Bald haben sie die **Häuser** hinter sich gelassen. Wie die **Mäuschen** huschen sie leise in den Wald. Ein **Käuzchen** ruft. Die **Bäume** und **Sträucher** nehmen unheimliche Formen an, wenn eine Taschenlampe aufleuchtet. Es geht immer weiter. „Und nun die Mutprobe! Wer traut sich?“, fragt die Lehrerin. Alle Kinder melden sich. Immer zu zweit gehen sie einen finsteren Waldweg entlang. Nur Lukas **läuft** ganz schnell. Hat er doch Angst?

In der Nacht **träumen** die Kinder von Gespenstern und Waldgeistern.

Wörteranzahl: 112

Wörter mit äu

Wörter mit *äu* haben meistens verwandte Wörter mit *au*:
Bäume – Bäume,
Käuzchen – Kauz,
läuft – laufen.

33 Reime

Maiglöckchen blühen im **Mai**.
Eine Hafenmauer heißt **Kai**.

Ein Kind, das elternlos ist, ist eine **Waise**.
Eine kluge Frau ist weise.

Die Amerikaner essen gern **Mais**,
die Japaner lieber Reis.

Eine Geige hat vier **Saiten**.
Ein dickes Buch hat viele Seiten.

Ein mächtiger Herrscher ist ein **Kaiser**.
Wer ständig schreit, wird heiser.

Ein ganzes Brot ist ein **Laib**.
Früher sagte man nicht Frau, sondern Weib.

Wer kein Experte ist, ist ein **Laie**.
Als gefährliche Fische gelten die **Haie**.

Froscheier heißen **Laich**,
Frösche quaken laut im Teich.

Ein Wirbelsturm ist ein **Taifun**,
jetzt lass deinen Bleistift ruhen!

Wörteranzahl: 96

Wörter mit ai

Wörter mit *ei* und *ai* klingen gleich, deshalb musst du dir die wenigen Wörter mit *ai* einprägen:
z. B. **Mai, Kaiser, Laib, Waise** ...

34 Echte Freundschaft

Lea und Ina sind die besten Sportlerinnen des vierten Schuljahres.

Sie trainieren schon seit ein **paar** Wochen für das Sportfest. „Lea läuft schneller als Ina“, prophezeien ein **paar** Jungen. Endlich ist der große Tag da. Lea hat von ihren Eltern sogar ein **Paar** neue Turnschuhe bekommen. Das vierte Schuljahr wartet gespannt auf den 50-m-Lauf. Die Kinder stellen sich zu **Paaren** auf. Lea und Ina stehen am Start. „Auf die Plätze! Fertig! Los!“ Lea übernimmt die Führung. Ihre Freundinnen jubeln. Doch plötzlich stolpert Lea und fällt hin. Was macht Ina? Sie bremst ihren Lauf ab, kommt ein **paar** Meter zurück und hilft ihrer Freundin. Gemeinsam laufen sie über die Ziellinie.

Wörteranzahl: 109

Paar und paar

Wenn man *paar* durch *einige* ersetzen kann, schreibt man es klein. Es ist dann ein unbestimmtes Zahlwort:
ein **paar** Jungen = (einige Jungen),
ein **paar** Wochen (= einige Wochen).

Meint man aber das *Paar*, das aus zweien besteht, schreibt man es groß: ein **Paar** Schuhe.

35 Die Empfehlung

Immer wenn die Pflaumen reif sind, hat die Religionslehrerin Ina Betbach oft Besucher in ihrem Garten, die sie gar nicht eingeladen hat.

Dann steigen die Schüler heimlich über die Mauer, **stampfen** über die Blumenbeete und stehlen Pflaumen. Die Lehrerin hat schon oft mit ihnen **geschimpft**. Umsonst!

Doch als die Jungen und Mädchen neulich sogar um die schönsten Pflaumen **kämpften**, wurde es ihr zu bunt. Sie nagelte ein Schild an einen **Baumstumpf** und **empfahl**: „Lasst es sein! Gott sieht alles!“ Am nächsten Tag stand darunter: „Aber er verrät es nicht.“

Wörteranzahl: 89

Wörter mit mpf

Wenn viele Konsonanten hintereinanderstehen, wie z. B. bei *mpf*, erleichtert dir deutliches Sprechen das Schreiben: **stampfen, Baumstumpf**.

36 Am 23. September

Die Lehrerin bittet Anna: „**Schreibst** du bitte einen Satz an die Tafel?“ Anna **hopst** fröhlich nach vorn und **schreibt**: Heute ist **Herbstanfang**.

Da sagt Anna: „Das habe ich heute Morgen **selbst** gemerkt. Der **Herbstwind** hat in unserem Garten das letzte **Obst** von den Bäumen geschüttelt. Dabei ist mir ein Apfel auf den Kopf **geplumpst**.“

Oliver ruft: „Ich habe auf der **Hauptstraße** ganz viel Staub in die Augen bekommen.“ „Und mir hat der **Herbstwind** die Kappe vom Kopf geblasen“, kreischt Uli dazwischen.

„Ich glaube, du **bleibst** morgen lieber zu Hause. Wer weiß, was du sonst noch alles mit dem Wind **erlebst**“, **piepst** die kleine Marie.

Wörteranzahl: 105

bs oder ps?

b und *p* klingen vor *s* und *t* gleich. Wenn du nicht weißt, ob du *b* oder *p* schreiben sollst, hilft es manchmal, wenn du ein verwandtes Wort suchst: **bleibst – bleiben, hopst – hopsen**.

37 Vorsicht, an Pfingsten ist viel los!

Viele Schüler haben nur kurze **Pfingstferien**, aber einige Schulen **verlängern** sie mit ihren beweglichen **Ferientagen**.

Meine **Freundin** konnte immer zu **Pfingsten verreisen**. Meistens **flog** sie mit dem **Flugzeug**, aber in diesem Jahr **fuhr** sie mit ihren Eltern im Auto nach Österreich. Bald schon standen sie auf der Autobahn im Stau, denn **viele** Leute machten einen **Ausflug**. Der Vater **schimpfte**: „Das ist nur deine Schuld. Du warst erst so spät mit Packen **fertig**." „Ich musste noch unserem **Vogel Futter** geben und alle **Pflanzen** gießen", entgegnete die Mutter. Langsam **fuhren** sie weiter. Die Straße war wieder **frei**.

Vor Vergnügen pfiff Vater ein **fröhliches** Lied.

Wörteranzahl: 102

f, v oder pf ?

Es gibt keine Regel dafür, wann *f* und wann *v* geschrieben wird. Deshalb merkst du dir am besten die Wörter, die mit *v* geschrieben werden: z. B. **viel, Vogel, verreisen**.

Aber bei *pf* hilft dir deutliches Sprechen: **Pfingsten, Pflanzen**.

d oder t ?

d und *t* klingen im Auslaut gleich. Manchmal hilft es, wenn man das Wort verlängert, indem man den Plural (**Grund – Gründe**) oder die Grundform (**band – binden**) bildet, oder wenn man die Stammform (**bellend – bellen**) sucht.

38 Der wackelige Zahn

Konstantin und sein **Freund Vincent** kamen **gut gelaunt** vom **Strand** nach Hause. **Laut bellend** lief ihnen Vincents **Hund** entgegen.

Da rief Konstantin auf einmal **erschreckt**: „Mein Zahn **wackelt**! Guck mal!“ Er sperrte seinen **Mund weit** auf. **Vincent fand** das **nicht** so schlimm und sagte: „Das **ist** doch kein **Grund** zum Jammern. Ziehe ihn einfach raus!“ „Wie denn?“ Ohne viele Worte **band Vincent** das Ende eines Bindfadens um den Zahn, **während** er das andere Ende an einer Türklinke verknotete.

Peng! Die Tür **knallt** zu! Konstantin **erschrickt** und **schreit** auf. Noch ein Schrei **ertönt**. **Vincent hat** sich seinen Finger **eingeklemmt**. „Das **tut** mir **leid**“, **stottert** Konstantin, **während Vincent** seinen Finger **kühlt**, „aber mein Zahn **ist** draußen!“

Wörteranzahl: 114

39 Zum Römer

Herr Schmitz wohnt gleich neben der alten **Stadtmauer** einer **Kleinstadt** am Rhein. Er ist der **stattliche** Wirt der **Gaststätte** „Zum Römer“.

Jedes Wochenende besuchen zahlreiche Gäste sein Gasthaus. Es ist in der ganzen **Stadt** bekannt, dass es hier den besten Wein und das beste Essen gibt. Den Wein trinkt man aus herrlichen Tonkrügen, die Herr Schmitz in seiner **Werkstatt** neben dem alten **Stadttor** selbst herstellt. Sein Sohn Hannes hilft ihm dabei. **Anstatt** zu lernen oder zu spielen, hockt er lieber den ganzen Nachmittag an der Drehscheibe.

Er ist ein richtiger Künstler. Viele Leute wollen seine Krüge kaufen.

Wörteranzahl: 97

Stadt oder statt?

Wörter, die *Stadt* enthalten, haben alle mit der Stadt, also einem größeren Ort, zu tun. Es gibt nur wenige Wörter mit *statt*. Am besten lernst du sie auswendig: z. B. **stattlich, anstatt, stattdessen, Werkstatt, Gaststätte**.

40 Die roten Waldameisen

Neulich war unsere Klasse mit einem Förster im Wald. Als wir an einem Ameisenhügel vorbeikamen, sollten wir **stehen** bleiben. „Niemals dürft ihr einen Ameisenbau **zerstören**. Ameisen sind nützliche Tiere. Sie **schützen** unseren Wald. Da, **schaut**! Mehrere Ameisen **schieben** und **stoßen** eine tote Raupe weg.“

Der Förster legte ein weißes **Taschentuch** auf den Ameisenhügel. Sofort krabbelten unzählige Ameisen auf das Tuch. Wir **staunten**. Niemand **sprach** ein Wort. Nach einiger Zeit nahm der Förster sein **Taschentuch**, **schüttelte** alle Ameisen ab und ließ uns an dem Tuch riechen. Es roch **stark** nach Säure. Die Ameisen hatten ihr Gift auf das Tuch **gespritzt**. So **bespritzen** und töten sie Käfer, Raupen, Würmer, Grillen und **Spinnen**.

Wörteranzahl: 110

sch, sp oder st

In vielen Wörtern hörst du einen *sch*-Laut.
Sie werden aber nicht immer mit *sch* geschrieben.
Deshalb merke dir diesen Tipp: Vor *p* und *t* steht nur *s*, niemals *sch*, obwohl es so klingt:
stehen, zerstören, spritzen, Spinnen.

41 Wasser aus dem Berg

Till verbrachte die Sommerferien mit seinen Eltern in den Bergen. Sie hatten ein gemütliches **Quartier** gefunden. Nachts hörten sie Frösche **quaken**.

An einem schönen Tag machten sie eine größere Wanderung. Auch Till hatte seine **bequemen** Wanderschuhe angezogen, und so machte ihm das Wandern Spaß. Er hatte noch nicht einmal **gequengelt**. Plötzlich hörte er ein Plätschern. Aus einer Felsspalte sprudelte klares Wasser hervor. Eine **Quelle**! Sofort lief Till hin und ließ das Wasser über seine Hände laufen. Es war eiskalt. Till und seine Eltern ließen sich das saubere **Quellwasser** schmecken.

Auf dem Rückweg pflückten sie Blaubeeren, denn die wollten sie am Abend mit **Quark** essen.

Wörteranzahl: 105

Wörter mit qu

Hörst du ein *kw*, schreibe *qu*: **Quartier, Quelle, bequem.**
Es gibt kein Wort, das mit *kw* geschrieben wird!

42 Die Eidechse

Wenn du Glück hast, **entdeckst** du vielleicht an einem Sommertag **unterwegs** eine **Eidechse** auf einem warmen Stein.

Am besten **legst** du dich ganz still ins Gras. Diese kleinen Tiere sind flink und lebhaft, wenn es warm ist. Sie sind schneller, als du **denkst**! Ist es dagegen kühl, sind sie träge und langsam. Das hängt mit ihrer **wechselnden** Körpertemperatur zusammen, die bei Wärme steigt und bei Abkühlung sinkt. Im Herbst verkriecht sich die **Eidechse** in ein Versteck und überwintert in der Winterstarre.

Hast du schon einmal versucht, eine **Eidechse** an ihrem langen Schwanz festzuhalten? Du wirst dich wundern – er bricht ab. Und ein neues Schwanzende **wächst** nach.

Wörteranzahl: 105

der ks-Laut

Der *ks*-Laut kann auf mehrere Arten geschrieben werden: **Eidechse, legst, entdeckst, denkst, Text**. Es gibt leider keine Regel dafür.

Wörter mit x

Den *ks*-Laut schreibst du auch manchmal als *x*:
Text, Taxi ...

Am besten lernst du diese Wörter auswendig.

43 Ach, Alexandra!

Max kaut am Bleistift. Er muss Hausaufgaben machen und soll eine **Textaufgabe** lösen. Aber es ist wie **verhext**!

Dauernd denkt er an **Alexandra**. Dabei findet er doch Mädchen blöd. Aber **Alexandra** ist richtig prima. Sie hat ihn heute in der Mathestunde **extra** in die Seite **geboxt** und ihn vor der Lehrerin gewarnt, als er mal wieder mit seinem Freund einen **Jux** machte. Sie ist überhaupt anders als die anderen Mädchen. Sie kichert nicht dauernd. Aber warum ist sie heute mit einem **Taxi** zur Schule gekommen?

„Morgen werde ich sie fragen", beschließt er. „Und ich frage sie auch, ob sie mit mir zu meinem Fußballspiel kommt."

Wörteranzahl: 105

44 Zirkus ohne Musik

Gespannt warten die Kinder in Kostümen auf den Beginn der Generalprobe. Morgen soll die Zirkusvorführung zur Verabschiedung der vierten Schuljahre sein.

Wann ertönt denn **endlich** die Musik zum Einmarsch? Nichts war zu hören. **Entsetzt** stammelt Michael: „Ich weiß nicht, wohin ich gestern die Kassette gelegt habe!" Ein Sturm der **Entrüstung** bricht los. Die Lehrerin lässt sich nicht **entmutigen**. Sie **entscheidet**: „Dann proben wir ohne Musik." **Enttäuscht** rufen die Artisten: „Wir können ohne Musik nicht turnen. Darum suchen wir die Kassette, während die anderen schon proben." Das ist eine gute **Entscheidung**.

Schließlich **entdeckt** Nina die Kassette im Kassettenrekorder. So kann die Generalprobe **entgegen** allen Befürchtungen doch noch gut **beendet** werden.

Wörteranzahl: 109

end- oder ent-?

- Die Silbe *end-* steht nur, wenn das Wort etwas mit *Ende* zu tun hat: **endlich** (= das Warten hat ein Ende), **beenden** (= etwas zu Ende bringen). Wörter mit *-end- werden immer auf dieser Silbe betont.*
- *Die Silbe ent-* ist eine Vorsilbe: **entmutigen, enttäuscht**. Hier liegt die Betonung niemals auf *ent-*.

4. Schuljahr

Laute und Buchstaben | Wörter mit end- oder ent-

45 Schuss und Tor

Seit einigen Wochen ist Jan im Fußballverein. Zweimal in der Woche geht er zum Training. **Seitdem** will er Profispieler werden.

Samstags finden immer die Meisterschaftsspiele statt. Seine Eltern begleiten ihn meistens. Sie stehen dann am Spielfeldrand und feuern ihn und seine Mannschaft an. „Weiter, du bist nicht im Abseits! Ihr **seid** schneller! **Seid** doch mutiger!" Beim letzten Spiel gelang Jan der entscheidende Treffer. Er bekam eine steile Flanke und schoss haarscharf am Torwart vorbei ins Tor. Sein Trainer bejubelte seinen knallharten Schuss und lobte die ganze Mannschaft: „Ihr **seid** heute super!"

Seit diesem Spiel trainiert Jan noch fleißiger.

Wörteranzahl: 98

seid oder seit?

- *Seid* kommt vom Verb *sein:*
  Ihr **seid** super! **Seid** doch mutiger!
- *Seit* wird immer zeitlich gebraucht:
  Seit einigen Wochen ...
  Seitdem will er Profispieler werden.

46 Glück für die Amseln!

Lautes **Vogelgezwitscher** im alten **Fliederbaum** neben dem **Gartenzaun** ist zu hören.

Dort hat ein **Amselpaar** in einer **Astgabel** ein Nest gebaut. Nun sind die drei **Vogelkinder** geschlüpft. Sie sind noch ganz nackt. Pausenlos fliegen die **Amseleltern** hin und her und bringen Futter. Sobald sich die **Vogeleltern** dem **Nestrand** nähern, sperren die jungen Amseln ihre Schnäbel auf.

Gerade bringt der **Amselvater** einen Käfer und fliegt sofort wieder auf **Nahrungssuche**. Ganz leise schleicht sich eine Katze heran. Zum Glück hat Sandra das beobachtet. Sie öffnet die **Terrassentür** und verjagt die Katze.

Wörteranzahl: 89

zusammengesetzte Nomen

Nomen können mit anderen Nomen zusammengesetzt werden und so neue Wörter bilden.
Du schreibst sie groß:
Ast + Gabel = Astgabel, Vogel + Eltern = Vogeleltern.

47 Sackhüpfen

Kati hat im Juli Geburtstag.

Meistens ist so gutes Wetter, dass sie im Garten feiern kann. Damit sich ihre Gäste nicht langweilen, muss sie sich immer lustige Spiele **ausdenken**: Eierlaufen, Dosenwettrennen, Sackhüpfen und noch viele andere. Hast du schon mal Sackhüpfen gemacht? Das ist nicht so einfach. Man muss mit beiden Beinen zugleich **abspringen**, das Gleichgewicht halten und sicher **aufkommen**. Dabei muss man den Sack auch noch **festhalten**, damit er nicht **wegrutscht**. Kurz vor dem Ziel ist Martin **hingefallen**, als er seinen Freund **überholen** wollte. Pech!

Wenn die Geburtstagsfeier zu Ende ist, werden alle Kinder **heimgebracht**.

Wörteranzahl: 97

zusammengesetzte Verben

Verben können mit anderen Wörtern zusammengesetzt werden:
weg + rutschen = wegrutschen.
So entstehen neue Wörter.

zusammengesetzte Adjektive

Du kannst neue Adjektive bilden, indem du sie mit anderen Wörtern zusammensetzt:
Eis + kalt = eiskalt,
Stunde + lang = stundenlang.

Zusammengesetzte Adjektive schreibst du klein.

48 So eine Hitze!

Schon **stundenlang** saßen die Kinder in der Schule und schwitzten.

„Kommt, wir gehen in den Garten. Hier im Klassenraum ist es zu heiß“, sagte die Lehrerin **verständnisvoll**. Aber auch im **wunderschönen** Garten konnte sich niemand konzentrieren. Es war **windstill**, und die Sonne schien von einem **blitzblauen** Himmel. Tom rutschte immer wieder die Brille von der feuchten Nase. Er war **kurzsichtig** und fand das gar nicht lustig. „Jetzt eine **eiskalte** Limo!“, stöhnte er. „Warum bekommen wir nicht **hitzefrei**?“, schimpften einige. „Ich kann immer nur an das **glasklare** Wasser im Schwimmbad denken.“

Da ertönte endlich die erlösende Lautsprecherstimme: „Alle Schülerinnen und Schüler dürfen jetzt nach Hause gehen!“

Wörteranzahl: 105

49 Die Grille und die Ameise

Den ganzen Sommer über hatte die Grille **unaufhörlich** gesungen. Sie hatte **unglaublich** viele Freunde, die ihrem Gesang lauschten. Es gab genug Nahrung, und die Grille lebte **unbesorgt** in den Tag hinein.

Doch dann wurde es Winter. Sie fand nichts mehr zu fressen, es wurde **ungemütlich** kalt, und die Grille wurde **unglücklich**. Sie traf die Ameise, die während des Sommers **unaufhörlich** Vorräte gesammelt hatte. **Misstrauisch** betrachtete die Ameise die hungrige Grille. Diese bat: „Bitte gib mir etwas von deinen Vorräten." **Ungerührt** von der Not der Grille erwiderte die Ameise **entrüstet**: „Nein, du hättest rechtzeitig vorsorgen müssen!"

Entmutigt ging die Grille weiter.

Wörteranzahl: 100

die Vorsilben un-, ent- und miss-

Mit den Vorsilben *un-*, *ent-*, *miss-* veränderst du den Sinn von Adjektiven: **glücklich – unglücklich, mutig – entmutigt, missmutig**.

Auch diese Adjektive schreibst du klein.

50 Der letzte Schrei!

Beim Schulfest veranstaltete das vierte Schuljahr eine Modenschau. **Gemeinsam** sammelten die Kinder Ideen. Dabei hatten sie schon **riesigen** Spaß.

Es war **mühsam**, einen langen Laufsteg aufzubauen. Aber da sie **rechtzeitig** mit der Vorbereitung angefangen hatten, klappte alles **wunderbar**.

Nora pries mit **kräftiger** Stimme die **fantastischen** Modelle an. Ronja kam **sportlich** in Schlafanzug, Bergschuhen und Badekappe. Till erschien **modisch** mit grüner Riesenschleife aus Krepppapier, und Julius hatte Vaters **altmodischen** Regenmantel an. **Lustig** wurde es, als Alina auf Stöckelschuhen über den Laufsteg trippelte, mehrfach umknickte und schließlich die Schuhe **zornig** in die Hände nahm. Franzi erschien in einem **himmlischen** Nachthemd. Sie schwebte **förmlich** über den Laufsteg.

Stürmischer Beifall ertönte.

Wörteranzahl: 107

die Nachsilben -ig, -isch, -lich, -sam, -bar

Mit den Nachsilben *-ig, -isch, -lich, -sam, -bar* kannst du Adjektive bilden: **Sport + -lich = sportlich**, **Zorn + -ig = zornig**, **Wunder + -bar = wunderbar**.

Diese Wörter schreibst du klein.

51 Post aus den Ferien

Liebe Susi,

weißt du, woher diese Karte kommt?

Ich schreibe sie aus einem Märchenpark, dem Blühenden Barock, den meine Geschwister und ich so gerne besuchen. Sein Name schreibt sich übrigens **groß**.

Wir **genießen** hier unseren ersten Ferientag bei Rotkäppchen, **Schneeweißchen** und Rosenrot, dem Wolf und den sieben **Geißlein**, der **fleißigen** Frau Holle, Rapunzel, Dornröschen und vielen anderen Märchenfiguren.

Du kannst sie wie richtige Menschen in ihren Häusern sehen. Manchmal kannst du auf einen Knopf drücken, dann bewegen sie sich. Einige von ihnen sprechen sogar.

Heute Mittag **aßen** wir schon eine **heiße** Wurst, und nachher bekommen wir noch ein Eis.

Viele **Grüße**

dein Florian

Wörteranzahl: 103

ß nach langem Vokal

Nach langem Vokal und Doppellaut wird der stimmlos gesprochene (scharfe) *s*-Laut meistens als *ß* geschrieben: **groß, Grüße, weißt, Geißlein**.

Achtung: Einige Ausnahmen sind z. B. Gras, Glas, Eis.

52 Max und Moritz und die Hühner

Max und Moritz spielten, wie ihr **wisst**, den Leuten viele Streiche.

Einmal hatten sie die Idee, die arme Witwe Bolte zu ärgern, die mit ihren Hühnern keinen Spaß verstand. Genau auf diese waren sie **versessen**. Sie lockten die Tiere mit Brot an, das sie an Fäden gebunden hatten. Hühner und Hahn hatten die **Bissen gefressen**, da merkten sie, **dass** sie durch die Fäden aneinander **gefesselt** waren. Was tun?

Witwe Bolte **musste** feststellen, **dass** es für ihr liebes Federvieh keine Rettung mehr gab. Oh, war das traurig!

Doch dann griff sie zum **Messer**, schnitt die Fäden durch und wollte ihre Lieben wenigstens noch gebraten **essen**.

Wörteranzahl: 104

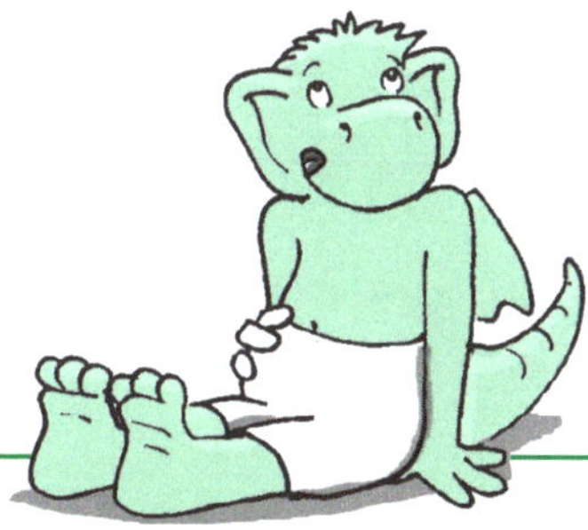

ss nach kurzem Vokal

Nach kurzem Selbstlaut wird der stimmlose (scharfe) *s*-Laut meistens als *ss* geschrieben: **Bissen**, **gefressen**, **musste**. Ausnahmen sind z. B. bis, Bus.

53 Schnecken

Jeder weiß, **dass** Schnecken keine Beine haben und **dass** sie deshalb kriechen. Wie geht das vor sich?

Der Körper der Schnecke besteht aus einem starken Muskel, den das Tier streckt und zusammenzieht. Dadurch bewegt sich die Schnecke vorwärts. Interessant ist dabei, **dass** sie eine Schleimspur bildet, auf der sie gleitet, und die sie von unten her schützt.

Viele Schnecken bilden aus Kalk ein Haus, das sie im Winter mit einem Deckel verschließen und im Frühjahr, wenn sie aus ihrer Erdhöhle kriechen, wieder öffnen.

Wusstest du schon, **dass** Schnecken Eier legen, aus denen Junge samt Häuschen schlüpfen? Was geschieht mit dem Häuschen, wenn die Jungen wachsen? – Das wächst tatsächlich mit.

Wörteranzahl: 109

die Konjunktion dass

Die Konjunktion *dass* wird immer mit *ss* geschrieben:
Jeder weiß, **dass** Schnecken ...

Tipp: Wenn du *dass* nicht durch *dieses* ersetzen kannst, schreibst du *dass* immer mit zwei *s*.

Artikel und Relativpronomen das

Der Artikel *das* und das Pronomen *das* werden mit *s* geschrieben: ... in **das** Jagen einweisen. **Das** heißt, sie waren nicht sesshaft. ... aus dem Leben, **das** sie führten ...

Tipp: *Das* kann durch *dieses* oder *welches* ersetzt werden, *dass* kann nicht ersetzt werden.

54 So lebten die Steinzeitmenschen

Die ersten Menschen auf der Erde lebten vor fast drei Millionen Jahren. Sie werden Steinzeitmenschen genannt, weil sie vorwiegend Werkzeug aus Stein benutzten. **Das** waren etwa Faustkeile, Beile oder Schaber.

Manches aus dem Leben, **das** die Steinzeitmenschen in ihren Höhlen führten, ist noch unerforscht.

Sie ernährten sich vom Jagen, Fischen und Sammeln, und sie waren Nomaden. **Das** heißt, sie waren nicht sesshaft. Welche Bedeutung hatten aber die wunderbar erhaltenen Bilder von Tieren und Menschen, mit denen unsere Vorfahren vor 50 000 bis 100 000 Jahren die Wände der Höhlen bemalten? Möglicherweise sollten sie die jungen Menschen in **das** Jagen einweisen.

Wörteranzahl: 98

das oder dass

Bei *das* oder *dass* musst du gut Acht geben:

- Die Konjunktion *dass* schreibst du immer mit ss: Wusstest du, **dass** ...
- Den Artikel schreibst du *das*: **das** Fell, **das** Rätsel
- Das hinweisende Pronomen schreibst du ebenfalls *das:* **Das** ist ein großes Geheimnis.

Es gibt einen Trick: *das* kannst du immer durch *dieses* oder *welches* ersetzen, *dass* lässt sich nicht ersetzen.

55 Warum haben Zebras Streifen?

Zebras sind Wildpferde, die in Afrika in Herden leben. Wusstest du, **dass** sie am ganzen Körper schwarzweiß gestreift sind? **Das** Tollste daran ist, **dass** jedes Zebra sein eigenes Streifenmuster besitzt. Jedes Muster ist so einmalig wie der menschliche Fingerabdruck.

Aber weshalb haben Zebras ein so auffälliges Fell? **Das** ist ein großes Geheimnis. Es ist klar, **dass** es nicht als Tarnung dient. **Das** Fell ist schon von weitem* sichtbar. Soll es angreifende Raubtiere verwirren? Viele Forscher haben sich Gedanken gemacht. Es ist erstaunlich, **dass** bis jetzt niemand eine Antwort gefunden hat.

Aber vielleicht kannst du ja eines Tages **das** Rätsel lösen, weshalb Zebras ein so herrliches Fell besitzen!

Wörteranzahl: 107
*von Weitem ist auch richtig

56 Meine Traumreise

Soll ich dir von einer besonderen Reise erzählen? Du kannst sie weder mit dem Zug noch mit dem **Omnibus** machen.

Ich ritt wie eine kleine Hexe auf einem **Bambusbesen**. Den hatte mir meine Urgroßmutter zur Geburt geschenkt. Sie wünschte mir damit viele schöne **Erlebnisse**.

Ich flog zuerst zu den Fantasietieren und sah ihre Farbenpracht. Dann ging die Reise weiter in eine **Arktis** aus lauter leckerem Eis. Danach flog ich über das Blütenmeer und atmete die herrlichsten Düfte ein. Schließlich kam ich, von warmen Winden getragen, in ein Land, in dem wunderschöne Klänge zu hören waren.

All dies wirst du im **Atlas** sicherlich nie finden. – Es soll auch unser **Geheimnis** bleiben!

Wörteranzahl: 110

die Endungen -as, -is, -us, -nis

Nomen mit den Endungen *-as*, *-is*, *-us* und *-nis* haben am Wortende immer ein einfaches *s*.

Im Plural verdoppelt sich das *s:*
Omnibus – Omnibusse,
Atlas – Atlasse (auch: Atlanten),
Erlebnis – Erlebnisse.

57 Ein Eisrezept

Weißt du, wie man selbst Eis zubereitet? Wenn nicht, dann wird es höchste Zeit!

Du **liest** dir zuerst das Rezept gründlich durch, richtest alle Zutaten her und fängst dann an.

Du **misst** je eine Tasse Milch und Sahne ab, rührst die Flüssigkeit in einer Schüssel um und gibst zwei Esslöffel Zucker dazu. Danach **presst** du Früchte durch ein Sieb oder **lässt** sie vom Mixer zerkleinern, fügst einige Tropfen Zitronensaft hinzu und vermischst alles zusammen. Am besten eignen sich Erdbeeren, Himbeeren, Brombeeren oder Bananen.

Du **gießt** nun die Eismasse in eine Schale, die du ins Tiefkühlfach stellst und mehrmals umrührst, bis das Eis gefroren ist – und gleich **isst** du das Eis!

Wörteranzahl: 110

die 2. Person Singular bei Wörtern mit s-Laut

Bei Verben, die im Infinitiv *s*, *ß* oder *ss* haben, steht als Endung in der 2. Person Singular nur noch ein *t*: lesen – **du liest**, essen – **du isst**, gießen – **du gießt**.

Achtung! Nach einem Doppellaut steht *ß*:
wissen – du **weißt**.

Hinweis: In den folgenden Diktaten sollen die farbig markierten Wörter selbstständig getrennt und notiert werden.

58 Der Umzug

Schon um 13 Uhr stand der voll beladene **Mö-bel-wa-gen** vor dem neuen **Rei-hen-haus**.

Nun mussten die vielen Möbel, Kisten und Pakete **aus-ge-packt** werden. **Bü-cher-kis-ten**, **über-füll-te Spiel-zeug-kis-ten**, **hell-brau-ne Klei-der-schrän-ke**, **dun-kel-grü-ne Gar-ten-stüh-le**, **rie-sen-gro-ße Topf-pflan-zen**, **ku-schel-wei-che So-fa-kis-sen**, **Bett-tü-cher**, eine alte **Wasch-ma-schi-ne** und vieles andere kam zum **Vor-schein**. Mutter nannte jeweils die Zimmer, sodass* die Sachen schnell in dem neuen Haus **ver-schwan-den**. Vater half beim **Zu-sam-men-bau-en** der **Schlaf-zim-mer-mö-bel** und die Kinder spielten mit den neuen **Nach-bar-kin-dern**.

Sie genossen das herrliche **Durch-ein-an-der**. Am Abend fühlten sich schon alle richtig zu Hause.

Wörteranzahl: 86

* Die Schreibweise *so dass* ist ebenfalls möglich.

Trennung bei zusammengesetzten Wörtern

Zusammengesetzte Wörter und Wörter mit einer Vorsilbe werden an diesen Stellen nach ihren Bestandteilen getrennt: **Topf-pflan-zen, Spiel-zeug-kis-te, über-füll-te, ver-schwen-den**.

59 Kostenloses Hupkonzert

Als wir **letz-ten** Sonntag beim Frühstück saßen, geschah **et-was** Merkwürdiges. Auf der Straße ertönte eine Autohupe. Es **hup-te** erst kurz, dann noch einmal und schließlich **hör-te** es nicht mehr auf zu hupen.

Unsere Nachbarn rissen das **Fens-ter** auf und schrien erbost nach Ruhe. Vater **stopf-te** sich die **Fin-ger** in die Ohren. Mutter stand auf und **alar-mier-te** die Polizei.

Eine viertel **Stun-de*** später brachen wir alle in lautes **Ge-läch-ter** aus, als sich herausstellte, wer der Verkehrssünder war. Die Polizei fand einen kleinen Hund, der in einem abgestellten Wagen zurückgelassen **wur-de.** Er stand schwanzwedelnd auf dem **Fah-rer-sitz** und hatte sich mit den Vorderpfoten auf der Hupe abgestützt.

Wörteranzahl: 105
* auch: Viertelstunde

Trennung bei mehreren Konsonanten

Wenn du Wörter mit zwei oder mehreren Konsonanten trennen willst, wird immer der letzte Konsonant abgetrennt: **Fin-ger**, **letz-ten**.

60 Auf dem Minigolfplatz

We-hen-de Fah-nen zeigen den Minigolfplatz an. Großvater, Jonas und Thea **se-hen** sie schon von fern.

Thea gibt keine **Ru-he**, bis sie Großvater zu einem Spiel überredet hat. Großvater will noch schnell **be-zah-len**, **wäh-rend** die beiden Kinder schon bei Bahn 1 **ste-hen**. Sie **ver-ste-hen** die Regeln sehr schnell. Und schon kann das Spiel **los-ge-hen**. Auf den ersten drei **Bah-nen** macht Großvater keinen **Feh-ler**. Doch **all-mäh-lich** stört ihn die **Un-ru-he** der Kinder, die munter wie zwei **Flö-he** sind. Sein Spiel wird immer schlechter. **Meh-re-re** Schläge **ge-hen** daneben.

Aber am Ende ist Opa dennoch der Gewinner. Das hätte Thea nicht gedacht.

Wörteranzahl: 98

Trennung bei Dehnungs-h und gesprochenem h
Auch bei Wörtern mit Dehnungs-*h* gilt die Regel, dass der letzte von zwei Konsonanten auf die neue Zeile kommt: **Feh-ler, Zah-len**. Bei den Wörtern mit gesprochenem *h* gilt die Regel, dass auch dieser einzelne Konsonant auf die neue Zeile kommt: **se-hen, ver-ste-hen, ge-hen**.

61 Eine fröhliche Bastelstunde

Es sind nur noch wenige Wochen bis **Os-tern**, also **höchs-te** Zeit zum **Bas-teln**.

Die Schüler und Schülerinnen der 4b sitzen an ihren Tischen und **flüs-tern**. Sie sind ganz aufgeregt. Auf jedem Tisch steht ein Topf **Kleis-ter**. Daneben liegen **Ta-pe-ten-res-te** und feiner Maschendraht. Sie **bas-teln be-stimmt** ein schönes **Os-ter-ge-schenk**. Vera ist am **flinks-ten**. Sie ist die **Ers-te**, die ihren dicken **Os-ter-ha-sen** fertig hat. Deshalb darf sie schon ihr **Früh-stück** auspacken.

Als **Nächs-ter** wird Ulf fertig. Als die Kinder seinen Hasen sehen, müssen sie lachen. Es ist der **bes-te Os-ter-ha-se** der Klasse.

Bravo, Ulf!

Wörteranzahl: 91

Trennung bei st

Wörter mit *st* werden zwischen *s* und *t* getrennt:
Os-tern, bas-teln.

Aber Achtung bei zusammengesetzten Wörtern:
Früh-stück, Rast-platz, be-stimmt.

62 Die kleine Wespe Nimmersatt

Von einer **Ro-sen-knos-pe** aus startet die kleine **Wes-pe** Nimmersatt zu ihrem Rundflug durch Frau **Knis-pels** Küche. „Herrlich“, denkt sie, „was es hier so alles zu **knus-pern** und zu schlecken gibt!“

Schwupp, landet sie auf einer **Vi-ta-min-kap-sel**. „Brr, die schmeckt aber scheußlich!“, ruft sie entrüstet und setzt sich sanft auf den dicken **Karp-fen**, nascht von den **Roll-möp-sen** und den Königsberger **Klop-sen** und genießt schließlich ein paar **Trop-fen** von den **Schnäp-sen** des Hausherrn. Doch am besten schmeckt ihr der dicke grüne **Ap-fel** auf dem Küchentisch. „Der ist ein wahrer Traum“, schwärmt sie.

Dann fliegt sie schnell davon, um ihre Freundinnen zu holen.

Wörteranzahl: 100

Trennung bei pf, ps und sp

Stehen *pf*, *ps* und *sp* vor einem Vokal, wird zwischen ihnen getrennt: **Ap-fel**, **Schnäp-se**, **Wes-pe**.

Es gilt also auch bei diesen Wörtern die Regel, dass von zwei und mehreren Konsonanten der jeweils letzte auf die neue Zeile kommt.

Hinweis: In den folgenden Diktaten sollen die farbig markierten Satzzeichen selbstständig gesetzt werden. Daher sollten die Sätze beim Vorlesen besonders gut betont werden.

63 Was Blätter alles können

Blätter haben wichtige Aufgaben **für die Pflanzen, für unsere Luft und für den Wasserhaushalt**.

Die Blätter schützen den zarten Trieb einer Pflanze. Die Sonne und der grüne Farbstoff der Blätter bilden zusammen die Nahrung der Pflanze. Dabei bildet das Blatt Sauerstoff, den es an die Luft abgibt.

Schließlich verdunsten die Blätter Wasser, das sich in den Wolken sammelt und als Regen oder Schnee wieder auf die Erde fällt.

Blätter sorgen also für **Schutz, Nahrung, Luftverbesserung und Niederschläge**. Aber damit nicht genug: Manche Blätter ernähren andere Lebewesen und schrecken Feinde ab. Sie können auch **schwimmen, duften, klettern und grüne Flächen bilden**.

Wörteranzahl: 100

Komma bei Aufzählungen

Die einzelnen Teile einer Aufzählung werden durch Komma abgetrennt: ... **schwimmen, duften, klettern**.

Stehen *und* oder *oder* zwischen den Teilen der Aufzählung, so wird kein Komma gesetzt: Schutz, Nahrung, Luftverbesserung **und** Niederschläge.

64 Katzenkinder

Letztes Frühjahr brachte unsere Katze Junge zur Welt.

Sie schlüpften aus dem Mutterleib**(,) und** sofort leckte die Katzenmama die Fruchthülle ab, die ihre kleinen Körper umgab. Ein schönes Fell kam zum Vorschein**(,) und** jedes Kätzchen sah anders aus. Die Neugeborenen fanden gleich die richtige Stelle zum Trinken.

Nach acht Tagen öffnete eines die Augen**(,) oder** blinzelte es nur? Allmählich schauten sie alle richtig wach. Mit vier Wochen hörten sie auch gut**(,) und** sie nahmen feste Nahrung zu sich.

Sie lernten, aus ihrer Kiste zu springen**(,) und** sie erkundeten die Umgebung auch draußen. Dabei spielten sie immerfort. Nach vier Monaten verloren sie ihre Milchzähne**(,) und** damit waren sie fast erwachsen.

Wörteranzahl: 109

Komma vor *und* und *oder*

Werden zwei Hauptsätze mit *und* oder *oder* verbunden, so kannst du ein Komma setzen, musst es aber nicht:

Ein schönes Fell kam zum Vorschein**, und** jedes Kätzchen sah anders aus.

Ein schönes Fell kam zum Vorschein **und** jedes Kätzchen sah anders aus.

Beide Schreibweisen sind richtig.

65 Das Teekesselchenspiel

Heiko und Mareike haben sich zusammen ein Wort ausgedacht, das zwei Bedeutungen hat. Beide beschreiben jeweils eine Bedeutung**, aber** das Wort selbst dürfen sie nicht verwenden**, denn** die Mitspieler müssen es erraten.

Heikos Teekesselchen ist eine Pflanze. Sie hat Blüten und Früchte**, aber** nur die Früchte werden von manchen gesammelt. Das Teekesselchen hat einen dicken Stamm**, aber** keine Blätter. Es kann stechen. Am liebsten mag es Sandboden**, denn** dort kann das Wasser rasch abfließen.

Mareikes Teekesselchen ist ein Körperteil und wird häufig benutzt**, denn** schließlich will niemand verhungern. Es kann zwar nicht stechen**, aber** es hilft beim Beißen und Kauen.

Wie heißt das Teekesselchen? – Richtig: die Kiefer und der Kiefer.

Wörteranzahl: 110

Komma vor *aber* und *denn*

Vor den Konjunktionen *denn* und *aber* steht ein Komma:

Sie hat Blüten und Früchte**, aber** nur die Früchte werden von manchen gesammelt.

Am liebsten mag es Sandboden**, denn** dort kann das Wasser rasch abfließen.

Komma bei Nebensätzen
Sätze mit den Konjunktionen *dass, weil, wenn, als, da, während* werden durch ein Komma abgetrennt: Schade**, dass** Juliane heute nicht da ist. Sie rennen wild umher**, weil** sie bereits zwei Stunden still sitzen mussten.

66 Große Pause

In der großen Pause wirbeln die Schulkinder richtig durcheinander und toben sich aus. Auf dem Pausenhof rennen sie wie wild umher**, weil** sie bereits zwei Stunden still sitzen* mussten. **Da** es in manchen Schulen Spielplätze gibt**,** dürfen sich die Schüler dort beschäftigen.

Klaus und seine Freunde schaukeln, klettern und rutschen**, während** Tina, Max und Sonja Verstecken spielen. Schade**, dass** Juliane heute nicht da ist. Martina und Peter spielen immer Gummihüpfen mit ihr. Sie hat sich bestimmt erkältet**, als** sie neulich ohne Jacke in der Pause herumgerannt ist.

Wenn es klingelt**,** gehen die Kinder wieder in ihre Klassenzimmer. Um die Schule herum wird es dann wieder ganz ruhig.

Wörteranzahl: 107

* Die Schreibweise *stillsitzen* ist ebenso möglich.

67 Ein Telefongespräch

„Der Anruf ist sicher für dich. Geh doch mal ans Telefon!“, ruft die Mutter ihrem Sohn zu.

„Ist gut“, antwortet Paul.

„Hallo, hier ist Paul Kocher.“

„Sabine hier. Du Paul, ich weiß nicht mehr, welche Hausaufgaben wir aufhaben. Kannst du es mir sagen?“, fragt die Stimme am anderen Ende der Leitung.

Paul lacht: „Ja, warte! Ich sehe schnell nach.“

Kurz darauf kehrt er zurück und erklärt: „Hör zu, Sabine! Wir sollen das Lied noch mal üben, und dann müssen wir das Diktat mit der wörtlichen Rede abschreiben. Du weißt doch, dass es morgen drankommt.“

„Ach, das ist ja nicht schwer! Danke, Paul. Bis morgen.“

„Du hast gut reden. Bis morgen“, verabschiedet sich Paul.

Wörteranzahl: 114

Zeichensetzung bei wörtlicher Rede

- Die wörtliche Rede steht immer in Anführungszeichen: „Hallo, hier ist Paul Kocher.“
- Steht der Begleitsatz vor der wörtlichen Rede, so folgt ihm ein Doppelpunkt: Paul lacht: „Ja warte! …“
- Steht der Begleitsatz nach der wörtlichen Rede, so wird er immer durch Komma abgetrennt: „Kannst du es mir sagen?“, fragt die Stimme.

68 Im Kaufhaus

Jule ist mit Felix und ihrer Mutter ins Kaufhaus gegangen. Hier gibt es so viel zu sehen. Zunächst kaufen sie ein paar wichtige Sachen für die Schule wie **Schreib- und Rechenhefte**, Filzstifte und Zeichenblöcke.

In der Abteilung für **Küchen- und Gartenmöbel** kaufen sie einen kleinen Klappstuhl. In der Buchabteilung suchen sie sich **Mal- und Bastelbücher** aus.

Zum Abschluss geht Mutter zum Friseur, während sich die Kinder die Zeit in der **Spiel- und Bastelecke** vertreiben. Dort wird es ihnen ganz bestimmt nicht langweilig.

Wörteranzahl: 82

Bindestrich bei gemeinsamen Wortteilen

Du kannst manche Wortgruppen kürzen, wenn du den gemeinsamen Wortteil durch einen Bindestrich ersetzt:
Spielecke und Bastelecke = Spiel- und Bastelecke.

69 Schöne Straßen

In **Rheinland-Pfalz** beginnen die großen Ferien. Kai und Linda freuen sich über die vielen freien Tage. Nun haben sie Zeit, um mit den anderen Kindern aus der **Kaiser-Karl-Straße** zu spielen.

Sie haben einen Klub gegründet, der die viereckigen Flächen um die Straßenbäume herum schön gestalten will. Einige Kinder von der **Heinrich-Heine-Allee** wollen ebenfalls heute zum Treffen kommen. Sie sind alle voller Ideen. Einige von ihnen hatten in einer anderen Kleinstadt wunderschön gestaltete Straßen gesehen. Nun wollen sie, dass ihre Straßen auch so schön aussehen sollen.

Hoffentlich haben sie Erfolg!

Wörteranzahl: 89

Bindestrich bei Straßen- und Ländernamen

Bei Zusammensetzungen setzt man einen Bindestrich zwischen alle Teile, wenn die ersten Bestandteile Eigennamen sind: **Rheinland-Pfalz, Heinrich-Heine-Allee**.

Bindestrich bei Zusammensetzungen

Zusammensetzungen mit Ziffern, Einzelbuchstaben und Abkürzungen werden mit Bindestrich geschrieben: **12-Tonner, A-Dur, UKW-Sender**.

70 Wer hat das schönste Bild?

Klaus, Hanna und Michael sammeln Autobilder.

Stolz zeigt Michael sein neues Bild, einen **12-Tonner**. Klaus staunt über diesen tollen Lastwagen, denn er ist knallrot. Doch dann lacht er: „Ich glaube, ich habe etwas noch Besseres. Schau mal!" „Mensch, das ist ja sogar ein **16-Tonner** mit Anhänger", staunt Klaus. „So einen habe ich schon **2-mal*** auf einem Rastplatz gesehen."

„Seht mal, was ich habe!", lacht Hanna. „Bloß einen **4-Tonner**, aber grasgrün. Klein, aber fein. Hier habe ich auch Fotos von unserem letzten Fußballspiel gegen die 4b, von unserem großen **6:4-Sieg**. Und das hier ist das Starfoto von unserem **10-jährigen** Kapitän Klaus. Gefällt es dir?"

Wörteranzahl: 103

* Die Schreibweise *zweimal* ist ebenfalls möglich.

Die am häufigsten falsch geschriebenen Wörter

A

der Abend, am Abend, abends

alle, allen, alles

allein

alt, älter

andere, anderen, anderer, anderes

die Angst, ängstlich

die Antwort, antworten

der Ärger, ärgern

auf einmal

außen

außer, außerdem

B

beide

die beiden, diese beiden

das Beispiel

bekommen, du bekommst, er bekam

besser

bis

bisschen

bleiben, du bleibst, er blieb

bloß

böse

brauchen, du brauchst

D

dann

dass

denn

die

dies, diese, diesen, dieser, dieses

dir

draußen

dunkel

E

eben, ebenfalls, ebenso

eigentlich

ein, eine, einem, einen, einer, eines

einmal (aber: ein Mal, wenn beide Wörter betont werden)

das Ende, endlich

entgegen

erzählen, du erzählst

essen, du isst, sie isst, er aß, das Essen

etwas

F

fahren, du fährst, sie fährt

das Fahrrad, die Fahrräder

die Fahrt

fallen, du fällst, er fiel
(Er fiel zu Boden. – aber:
Es fiel viel Regen.)

fehlen, du fehlst

fernsehen, du siehst fern

der Fernseher, die Fernseher

fertig

sie fiel (Grundform: fallen)

fressen, du frisst

das Frühstück

G

ganz, ganze, ganzen

gar, gar kein, gar nicht

geben, du gibst, er gab

der Geburtstag,
die Geburtstage

gehen, du gehst, er ging

geträumt
(Grundform: träumen)

das Glück

groß, große, großer,
großen, großes, größer,
größte (das größte Haus –
aber: das Größte war ...)

die Grüße

gut

H

haben, du hast, sie hat,
er hatte, sie hatten

halten, du hältst, er hält

das Haus, die Häuser

her, herein

heute, heute Abend,
heute Morgen

hier

hin, hinaus, hinein

hinterher

hoffentlich

der Hunger, hungrig

I

ich

die Idee, die Ideen

ihm, ihn, ihnen, ihr, ihre,
ihren, ihres

im

immer

interessant

irgendein, irgendetwas,
irgendjemand,
irgendwann, irgendwer,
irgendwie, irgendwo

sie ist (Sie ist größer als er.)

sie isst (Grundform: essen –
Sie isst gern Spaghetti.)

J

jetzt

der Junge, die Jungen

K

sie kam, sie kamen (Grundform: kommen)

sie kann, du kannst (Grundform: können)

kaputt

kein, keine, keinen, keiner, keines

kennen, du kennst, sie kennt

klein, kleine, kleiner, kleinen, kleines

kommen, du kommst, sie kommt, er kam

können, du kannst, sie kann, er konnte

kriegen, du kriegst, sie kriegt

L

lachen, du lachst, sie lacht

lassen, du lässt, sie lässt, er ließ, sie ließen

leben, du lebst, sie lebt

das Leben

der Lehrer, die Lehrerin, die Lehrerinnen

lernen, du lernst, sie lernt

lesen, du liest, sie liest, er las

lieb, liebe, lieber, liebes, am liebsten

die Liebe

lieben, du liebst, er liebt

sie ließ (Grundform: lassen)

sie liest (Grundform: lesen)

los

loslassen

M

mal (zwei mal acht)

Mal (das zweite Mal)

man

der Mann, die Männer

mehr

mein, meine, meinen, meinem, meiner, meines

meistens

die Minute

mit

morgen (Bis morgen!; morgen Abend), morgens

der Morgen (Guten Morgen!)

müssen, du musst, sie muss, er musste

N

nachdem

der Nachmittag, nachmittags

nächste (nächste Woche), nächsten, nächster, nächstes (aber: Der Nächste, bitte!)

nämlich

nah, nahe

nehmen, du nimmst, sie nimmt, er nahm

nichts

P

passieren, etwas passiert

der Platz, die Plätze

plötzlich

R

rennen, du rennst, sie rennt, er rannte

rufen, du rufst, er rief

die Ruhe, ruhig

S

die Sache

sagen, du sagst, sie sagt, er sagte

sie sah (Grundform: sehen)

sie saß (Grundform: sitzen)

schlecht

schließlich

schlimm

das Schloss, die Schlösser

der Schluss

schön, schöne, schöner, schönes, am schönsten

schrecklich

schreien, du schreist, er schrie, sie schrien

schwarz

sehen, du siehst, sie sieht, sie sah

sehr

die Seite

selbstständig (auch: selbständig)

sie, Sie (Dort kommt sie. Aber: Bitte kommen Sie mit!)

sitzen, du sitzt, sie sitzt, sie saß, gesessen

sollen, du sollst, sie soll, ihr sollt, er sollte

der Spaß, die Späße

spazieren, du spazierst

das Spiel, die Spiele

spielen, du spielst, sie spielt, er spielte

stehen, du stehst, er stand

der Stein, die Steine

T · U · V
W · Z

die Stelle, die Stellen

stellen, du stellst

das Stück, die Stücke

T

der Tag, die Tage

der Tod

tot

der Traum, die Träume

träumen, du träumst, geträumt

U

und

uns, unser, unsere, unseren, unserem

V

vergessen, du vergisst, sie vergisst, er vergaß

verlieren, du verlierst, sie verliert, verloren

verschieden, verschiedene, verschiedenen

viel, viele, vielen, vieles

vom, von

vor

vorbei

W

wahr

die Wahrheit

sie war, sie waren, du warst, ihr wart, sie wäre, sie wären

Weihnachten

weit, weiter, am weitesten

wie

wieder

wenn

werden, du wirst, sie wird

wir

wissen, du weißt, sie weiß, er wusste, gewusst

wollen, du willst, sie will, ihr wollt, er wollte

Z

die Zeit

ziemlich

zu Ende

zuerst

zu Haus, zu Hause, (auch: zuhause)

zuletzt

zurück

zusammen

Elterntipps:
So fördern Sie Ihr Kind richtig

Besonders für das Rechtschreiben gilt: Übung ist durch nichts zu ersetzen. Doch bei allem Üben ist eines ganz wichtig – loben Sie Ihr Kind! Stellen Sie Erfolgserlebnisse und Anerkennung in den Vordergrund.

Mäßig, aber regelmäßig

Überlegen Sie zusammen mit Ihrem Kind, wann es am besten übt. Viele haben vormittags und nachmittags ihr Leistungshoch, aber z. B. nach dem Mittagessen bis etwa 15 Uhr ein Leistungstief. Finden Sie heraus, was für Ihr Kind am besten ist. Es sollte täglich trainieren: Ab dem 3. Schuljahr etwa 20 bis 25 Minuten, nicht länger, dafür aber intensiv und konzentriert.

Ihr Kind kann sein Lernen auch selbst planen: Dazu legt es sich zunächst ein Trainingsheft an. Es überlegt, was es morgen, übermorgen usw. üben will und trägt es im Heft ein. Jeden Abend überprüft es selbst: Alles erledigt? Wann wird Versäumtes nachgeholt?

Sinnvolle Übungszeiten

Die erste Regel für sinnvolles, motivierendes, effektives Üben heißt: Lieber kürzer, aber öfter.

Haben Sie gewusst, dass man ein Wort ca. 50-mal in verschiedenen inhaltlichen Zusammenhängen geschrieben haben muss, bis es sich ins Gedächtnis so eingeprägt hat, dass man es sicher beherrscht? Also: Übung macht den Meister!

Achten Sie darauf, dass Ihr Kind beim Lernen und Üben immer wieder kurze Pausen einlegt. Das schützt vor Ermüdung und gliedert den Arbeitsprozess in kurze Abschnitte. In den Pausen geben Bewegung, frische Luft und Getränke Körper und Geist die richtige Abwechslung von Spannung und Entspannung. Lassen Sie Ihr Kind direkt nach den Übungseinheiten frei spielen und sich bewegen, aber nicht fernsehen, Computer- oder Videospiele machen oder lesen: Das eben Gelernte kann sonst durch Neuigkeiten und Eindrücke überlagert und dann verdrängt werden.

Die besten Tipps für das Rechtschreib-Training

Damit Ihr Kind gar nicht erst unnötige Ängste vor Schulaufgaben und gerade auch Diktaten entwickelt, können Sie diese zum Training wie in der Schule durchführen. Dazu sollten Sie Diktate wie die Lehrerin oder der Lehrer in der Schule diktieren. Gehen Sie dabei schrittweise vor:

a) Lesen Sie zunächst den ganzen Text mit der Überschrift vor. So lernt Ihr Kind den Inhalt kennen und versteht, worum es geht.
b) Danach lesen Sie den ersten Satz vor.
c) Nun diktieren Sie den Satz langsam und betont, nach Sprechtakten/Sinnschritten unterteilt. Hilfreich ist es, wenn Sie sich vor dem Diktat solche Sprechtakte/Sinnschritte mit Bleistiftstrichen einteilen.
d) Sie lesen den nächsten Satz vor, anschließend diktieren Sie ihn wie bei c).
e) Nach dem Diktat des letzten Satzes lesen Sie den ganzen Text noch einmal vor. Ihr Kind kann dabei prüfen, ob es alle Wörter richtig verstanden hat, kann eventuell gebliebene Lücken füllen bzw. dabei prüfen, ob es Wörter oder Wortteile vergessen hat aufzuschreiben.
f) Zum Schluss hat Ihr Kind noch Zeit, den ganzen Text zu prüfen und zu verbessern. Zu Hause ist es sinnvoll, wenn das Kind seinen Text laut vorliest und dabei vergessene Wörter feststellt oder Fehler entdeckt – in der Schule geht das so leider nicht.

Ähnlichkeitshemmung

Vermeiden Sie beim Üben Ähnlichkeitshemmungen:
Achten Sie darauf, dass ähnliche Schreibweisen (z. B. Wörter mit *b* und Wörter mit *p* am Wortanfang oder Wörter mit *d* oder *t* am Wortende, Wörter mit *m* oder Wörter mit *mm* usw.) nicht miteinander oder kurz hintereinander geübt werden. Lassen Sie dazwischen zwei Tage oder mehr vergehen, damit Ihr Kind das Gelernte nicht miteinander verwechselt.

Abwechslung tut gut: Tauschen Sie ruhig auch einmal die Rollen! Ihr Kind diktiert, und Sie schreiben das Diktat. Besonders großen Spaß bereiten Sie Ihrem Kind, wenn Sie zwei, drei Fehler einbauen, die es dann finden kann.

Das macht Spaß: Diktate mal anders!

Zur Abwechslung beim Üben gehören auch verschiedene Diktatformen:

Das Laufdiktat oder Schleichdiktat: Dabei liegt der Diktattext nicht am Arbeitsplatz, sondern z. B. auf der Fensterbank. Ihr Kind liest dort zuerst immer nur zwei Wörter, eine bis zwei Wortgruppen oder später einen Satz. Dann läuft es zu seinem Heft, das am Arbeitsplatz liegt und schreibt die Wörter bzw. den Satz auswendig auf. Dann läuft es wieder zum Diktattext, merkt sich die nächsten Wörter usw. Zum Schluss liest es den Text noch einmal durch, korrigiert ihn und vergleicht ihn anschließend mit der Vorlage und markiert die Fehler. Ein Vorzug dieser Diktatform ist, dass Ihr Kind sich zwischen dem Schreiben immer wieder bewegt.

Das Dosendiktat: Sie brauchen dazu eine leere Dose oder einen anderen Behälter. Ihr Kind schreibt den Text ab und schneidet die einzelnen Sätze aus. Anschließend legt es die Sätze geordnet vor sich auf den Tisch und liest den ersten Streifen, den es dann in die Dose steckt. Nun schreibt es diesen Satz auf, liest den nächsten Streifen usw. Zum Schluss vergleicht es seinen Text mit der Vorlage und korrigiert die Fehler.

Das Selbstdiktat oder Eigendiktat: Hier liest das Kind den kompletten Text einmal durch, deckt den Text dann mit einem Lineal oder einem Blatt Papier so ab, dass es nur eine Zeile oder einen Satz sieht. Diese Zeile bzw. diesen Satz merkt es sich und schreibt sie bzw. ihn auf. Zum Schluss liest es seinen Text noch einmal genau durch und korrigiert Fehler. Danach vergleicht es seinen Text mit der Vorlage und markiert die Fehler farbig.

Das Kassettendiktat: Ihr Kind liest den Text zuerst ganz durch und spricht ihn dann langsam und deutlich auf eine Kassette (oder auf einen mp3-Player mit Sprachfunktion). Nach jedem Satz macht es eine längere Pause. Später lässt es die Kassette ablaufen und schreibt dabei Satz für Satz auf. Nach jedem Satz drückt es die Stopptaste, damit genug Zeit zum Schreiben bleibt. Nach dem letzten Satz vergleicht es seinen Text mit der Vorlage und verbessert die Fehler.

Weitere Methoden: Lernwörterheft und Karteikasten

Als besonders sinnvolle Methode zum Rechtschreib-Training hat es sich bewährt, wenn Ihr Kind ein eigenes Wörterheft oder eine Kartei anlegt und führt. Dort werden laufend neue, schwierig zu schreibende Wörter eingetragen.

Im **Lernwörterheft** schreibt Ihr Kind Wörter zu bestimmten Themen (Tiere, Pflanzen, ...) und besonders schwierige Wörter auf (Wörter auf *-ieren, -ine,* Wörter mit *h,* Wörter mit *aa, ee, oo,* ...).
Dabei ist wichtig, dass Sie gemeinsam mit Ihrem Kind die Seiten in Buchstaben einteilen und überlegen, ob nur die Einzelbuchstaben des Alphabets berücksichtigt werden oder auch Buchstabengruppen wie z. B. *sch, st, sp.*

Ab Seite 78 finden Sie eine Übersicht über die am häufigsten falsch geschriebenen Wörter. Sie können sich bei der Anlage des Wörterhefts auch an dieser Liste orientieren.

Ihr Kind kann aber auch mit einem **Karteikasten** arbeiten.
Der Karteikasten sieht so aus:

Er besteht aus 5 Fächern. Überlegen Sie mit Ihrem Kind, woher es passende Kärtchen oder Zettel bekommt (kaufen, aus Papierresten selbst zuschneiden ...).

Das bewährte 5-Fächer-Prinzip funktioniert so:

Auf die Vorderseite des Zettels oder Kärtchens schreibt Ihr Kind das Wort, das es lernen möchte, und steckt ihn in das 1. Fach. Dann schreibt es das nächste Wort, das es lernen will, auf den nächsten Zettel usw. Dieses 1. Fach schaut es sich zwei- bis dreimal in der Woche an und nimmt die Zettel darin heraus. Ihr Kind liest das Wort auf dem ersten Zettel, legt den Zettel weg und schreibt das Wort auf. Dann nimmt es den nächsten Zettel usw. Anschließend korrigiert es das Geschriebene. Die Zettel mit den Wörtern, die es richtig geschrieben hat, steckt es dann in das 2. Fach und übt die Wörter auf den Zetteln mindestens einmal pro Woche. Die fehlerfrei geschriebenen Wörter kommen dann in das 3. Fach. Diese Wörter werden mindestens alle zwei Wochen geübt, die fehlerfreien kommen in das 4. Fach. Diese Wörter übt man einmal pro Monat und steckt die fehlerfreien in das 5. Fach. Wenn Ihr Kind ein Wort falsch geschrieben hat, steckt es den Zettel wieder in das 1. Fach. Die Wörter im 5. Fach bleiben dort für ein Jahr. Danach kann man sie wegwerfen, wenn man sie immer noch richtig schreiben kann. Die Fehlerwörter: ab damit ins 1. Fach!